LA COALITION

ou

LES ROUGES, LES BLANCS ET LE PRÉSIDENT.

IMPRIMERIE DE BEAU,

à Saint-Germain-en-Laye, rue de Paris, 80.

LA COALITION

OU

LES ROUGES, LES BLANCS

ET LE

PRÉSIDENT.

Par Timon-Vérité.

Veritas est sapientiæ magistra.
Utinam vera minus narrarem.
TÉRENCE.

Prix : 75 c.

PARIS,

CHEZ LES FRÈRES GARNIER, LIBRAIRES,

AU PALAIS-NATIONAL.

—

1851

AVANT-PROPOS.

La France se meurt! La France respire ! La France vit!

Voilà les trois questions qui ont occupé pendant trois ans les hommes politiques, les assemblées délibérantes et les publicistes.

A quelle époque se rapportent-ils, ce désespoir, ce soulagement et cette espérance ?

Le désespoir répond à l'avénement du Gouvernement provisoire, de la Commission exécutive et de la dictature du général Cavaignac. Le soulagement répond à l'avénement du Dix-Décembre. L'espérance répond au 18 brumaire national, autrement appelé par les anarchistes le 15 mai moral, et à la défaite honteuse de la Convention des Arts-et-Métiers.

Dix mois et trois pouvoirs exécutifs ont fait le désespoir de la France.

Un seul, celui de la présidence, lui a apporté, en moins de temps, le soulagement et la vie.

Une élection sans pareille dans les fastes politiques pouvait seule donner l'autorité et la force de surmonter les obstacles que les pouvoirs tombés et leurs adhérents avaient su, de longue main, semer sur le chemin du gouvernement national. L'harmonie constante entre la nouvelle Assemblée et le Président de la République, a produit un résultat remarquable : l'union a fait leur force et le désespoir de leurs ennemis. Les violences d'hier devinrent menaces impuissantes et honteuses. L'appel aux armes se transforma en système de calomnies, arme moins périlleuse, mais ridicule dans les mains des hommes qui ont souillé par le despotisme, le gaspillage, les orgies et la guerre civile, leur administration et leur gouvernement.

Mais une double élection générale, une nouvelle époque révolutionnaire approche. Les blancs qui marchaient naguère courageusement avec les bons citoyens à la conquête de l'ordre et de la prospérité de la France, s'arrêtent pour travailler à la résurrection du droit divin. La route de l'ambition et des anciens préjugés leur parait préférable à celle du bien et de la tranquillité du pays qui se débat dans les cercles étroits d'une constitution capable de le couvrir en moins d'une année de nouveaux désastres. Le droit divin, *supérieur* à la volonté et à l'existence même de la France, est la loi des transfuges *et des nouveaux amis de la Montagne :*

Périsse la France plutôt que mon droit! leur crie aujourd'hui l'exilé de Wiesbaden, et ces esclaves courbent la tête sous cet ordre insensé. La France a besoin d'un long repos pour reprendre toutes ses forces passées ; le droit divin et les républicains comptent ensemble sur son instabilité et au besoin sur sa détresse pour la ramener à leurs pieds.

La réélection ou la prolongation du pouvoir présidentiel coupent les vues de l'ambitieux despote, et la France doit y renoncer ; un vassal doit obéir à son maître ! Un 18 brumaire constitutionnel est entré dans la lice : plus des trois quarts des conseils généraux et un grand nombre de conseils d'arrondissement, qui ont émis des vœux pour la révision de la Constitution, l'ont fait dans un sens affirmatif et motivé par des considérations de salut public.

La France prospère ! c'est la quatrième phase qu'on espérait de la prolongation des pouvoirs de celui qui l'a fait respirer et vivre.

La coalition des deux Montagnes et le besoin impérieux d'éclairer l'opinion publique sur cette grave question, m'ont seuls guidé dans mon travail.

Démontrer à la France la marche du parti républicain et du droit divin pendant les catastrophes qui l'ont désolée depuis soixante ans et fixer leur part de responsabilité ; énumérer les services rendus à l'ordre par les Bonaparte, leurs sacrifices, leur dévouement dans les périls, telle est la tâche que je me suis imposée et que j'ai remplie avec la plus grande impartialité. *Utinam vera minus narrarem !* Ce que je dirai n'est que trop vrai !

BALBO.

LA COALITION

ou

LES ROUGES, LES BLANCS

ET LE

PRÉSIDENT.

CHAPITRE PREMIER.

Dédicace.

Je dédie l'histoire de Robespierre aux ennemis du Président de la République, je veux dire, aux ennemis de la tranquillité et de la prospérité de la France. Ces ennemis sont les deux Montagnes ; la Montagne légitimiste et la Montagne socialiste, dont les membres ont pour organes les journaux à titre ironique, l'*Opinion publique*, l'*Union*, le *National*, la *Démocratie pacifique* et la *République, etc.*

L'*Opinion publique* et l'*Union* représentent le parti du droit divin qui compte élever sa domination sur les ruines de la France, en passant sur le cadavre hideux de l'anarchie. Le *National* et les autres journaux républicains représentent les hommes ennemis de tous Gouvernements, et en conséquence les partisans de l'anarchie et de la terreur.

La correspondance officielle et particulière de Robespierre et de ses agents, tirée des archives parlementaires, montre à chaque page les effets désastreux de ce régime sauvage. L'égalité matérielle était sous Robespierre le masque qui couvrait son ambition personnelle, comme, sous les républicains de la veille, la République était le moyen de traiter la France en pays conquis, et de disposer arbitrairement des emplois et des finances publiques et particulières.

Sous le titre d'Imitations républicaines et légitimistes je tracerai les faits qui doivent fournir un grand enseignement.

Je donne ces imitations afin de conserver aux héritiers de la Terreur tout le bénéfice de leur succession tant prônée et trop suivie, et aux légitimistes leur part de responsabilité.

CHAPITRE DEUXIÈME.

Imitations républicaines.

Sous les pères. *Le peuple* qui a forcé l'Assemblée législative à décréter la déchéance du roi, pille le garde-meuble de la couronne.

Sous les fils. *Le peuple* ayant envahi les Tuileries après la fuite du roi, les pille ainsi que le Palais - Royal, malgré la peine de mort établie contre les voleurs.

Sous les pères. L'Assemblée législative se forme en Convention et proclame la République une et indivisible sans consulter la nation.

Sous les, fils. Le Gouvernement provisoire imite l'Assemblée législative.

Sous les pères. La Convention nationale proclame le désintéressement républicain.

Sous les fils. Le Gouvernement provisoire proclame son désintéressement dans le *National* par la note suivante : « Les membres du Gouvernement provisoire ne reçoivent et n'acceptent aucune rétribution. »

Sous les pères. Sous prétexte que les bonnets à poil étaient aristocratiques et blessaient l'égalité, on dissout la garde nationale pour la *réorganiser*, et on y fait entrer tous les émeutiers de Paris.

Sous les fils. Même prétexte, même abolition, et même réorganisation.

Sous les pères. La Convention décrète un emprunt de cent millions et des offrandes à la patrie.

Sous les fils. Le Gouvernement provisoire décrète l'impôt forcé de 45 centimes, l'emprunt de 200 millions et des offrandes à la patrie. *Le National* rappelle ce décret aux retardataires, et les menace de signaler leur personne et leurs biens à la colère *du peuple.*

Sous les pères. La Convention décrète que les dénominations de citoyens et citoyennes remplaceront celles de monsieur et madame.

Sous les fils. Le Gouvernement provisoire renouvelle le même décret.

Sous les pères. Ouverture des clubs où se prononcent des discours incendiaires, tendant à provoquer le peuple contre les riches, les commerçants et les prêtres. De là les cris : A bas les aristo, à bas l'exploitation de l'homme par l'homme, à bas les calotins !

Sous les fils. Les clubs, les discours incendiaires, les provocations et les cris sont copiés à la lettre.

Sous les pères. Création des ateliers nationaux à Paris et à Lyon.

Sous les fils. Création des ateliers nationaux à Lyon et à Paris.

Sous les pères, L'armée régulière est chassée de Paris et remplacée par l'armée révolutionnaire.

Sous les fils. L'armée est chassée de Paris ; elle est remplacée par les Montagnards, les Lyonnais et la garde républicaine (armée révolutionnaire).

Sous les pères. La Convention envoie dans les départements des commissaires munis de pouvoirs illimités pour révolutionner le pays.

Sous les fils. Le Gouvernement provisoire copie littéralement la Convention.

Sous les pères. Paris se couvre d'arbres de la liberté qui sont peu après arrosés du sang du peuple.

Sous les fils. Même plantation, même arrosage.

Sous les pères. Robespierre fait espionner les membres de la Convention.

Sous les fils. Le Maire de Paris fait espionner les membres du Gouvernement provisoire.

Sous les pères. Des commissaires et agents de Robespierre s'emparent des chevaux et des meubles des personnes guillotinées, pour leur usage particulier.

Sous les fils. Le Maire de Paris et autres membres du Gouvernement provisoire s'emparent des voitures et des caves du roi exilé, pour leur usage personnel.

Sous les pères. Les bruits des plans de conspiration et d'émeutes courent les rues et les journaux ; les autorités constituées font la sourde oreille.

Sous les fils. Mêmes bruits, mêmes plans, même surdité.

Sous les pères. Les administrations publiques laissent pleine liberté aux artisans d'émeutes et d'insurrections pour couvrir ou continuer les dilapidations.

Sous les fils. Le Maire de Paris brûle pendant les journées de juin une partie des papiers de sa comptabilité et se trouve ainsi dans l'impossibilité de rendre ses comptes.

Sous les pères. Un grand désordre a toujours régné dans l'administration des deniers publics.

Sous les fils. Les comptes du Gouvernement provisoire offrent, au dire de la Commission, « la preuve d'un gaspillage sans exemple depuis l'existence des règles de la comptabilité. »

Sous les pères. Les ateliers nationaux sont un moyen de commettre et de dissimuler des dilapidations sans nombre et de tenir l'émeute en permanence.

Sous les fils. Une imitation plus que parfaite.

Sous les pères. Le Comité de salut public refuse des soumissions avantageuses faites par des Américains d'approvisionner Paris de deux millions de livres de farine pour soulager le peuple sans pain et sans travail.

Sous les fils. *Les amis du peuple* votent constamment contre les crédits demandés pour donner au peuple des moyens d'existence.

Sous les pères. Le Comité de salut public, après avoir refusé les offres des Américains, ordonne à l'armée révolutionnaire de poursuivre les accapareurs et les aristocrates.

Sous les fils. *Les amis du peuple*, après avoir repoussé des crédits destinés à procurer aux ouvriers des moyens d'existence, tonnent du haut de la tribune et dans leurs journaux contre l'égoïsme des riches.

Sous les pères. Les prédications des clubs et des chefs de sociétés populaires conduisent le peuple à envahir sous plusieurs prétextes la Convention.

Sous les fils. Les mêmes causes conduisent *le peuple* à envahir l'Assemblée constituante dix jours après son installation.

Sous les pères. Le ministre de la guerre Bouchotte ne fait rien pour éviter ces envahissements.

Sous les fils. Le ministre de la guerre Charras pouvant disposer de forces nombreuses sous sa main, va au Luxembourg demander l'autorisation pour délivrer l'Assemblée envahie.

Sous les pères. Les prédications des clubs et les promesses décevantes font élire des représentants indignes et capables de tout.

Sous les fils. Mêmes moyens, même résultat.

Sous les pères. Collot-d'Herbois demande à la Convention la déportation en masse des écrivains réactionnaires.

Sous les fils. M. Desgousée, questeur de l'Assemblée constituante, fait la même demande à l'occasion des journées de juin.

Sous les pères. Les démagogues proclament à chaque instant la souveraineté du peuple, et se servent du peuple souverain pour violer cette souveraineté en envahissant plusieurs fois l'Assemblée législative et la Convention.

Sous les fils. Une imitation incontestable.

Sous les pères. Un jeune commissaire ou agent de Robespierre veut réunir dans un banquet plusieurs sociétés populaires pour présenter une masse imposante aux réactionnaires qui détestent la terreur.

Sous les fils. On projette un banquet à 25 centimes par tête, ce banquet se métamorphose bientôt en sanglantes journées.

Sous les pères. Un émissaire de la Commune de Paris prêche au club des Jacobins de Lyon l'assassinat, le vol et l'incendie. Les Lyonnais se soulèvent contre les Jacobins, et l'émissaire sanguinaire succombe dans la lutte qu'il a provoquée par ses discours. La Convention fait déposer ses restes au Panthéon comme ceux d'un martyr de la liberté.

Sous les fils. Dans les sanglantes journées de juin, des émeutiers avec les cartes de clubs sur leur tête, assassinent un général en parlementaire et son aide-de-camp; ils sont jugés, condamnés et en partie exécutés. *Le peuple* porte des couronnes sur leur tombe, et les républicains protestent à la tribune et dans leurs journaux contre le rétablissement de la peine de mort en matière politique.

Sous les pères. Des commissaires de la Convention se plaignent de ne pouvoir faire arrêter des voleurs et des assassins sans que les sociétés populaires ne se révoltent et n'exigent leur mise en liberté comme appartenant à ces sociétés.

Sous les fils. Les arrestations de repris de justice, de voleurs, de vagabonds, de sociétés secrètes et de conspirateurs, excitent les hauts cris de la presse républicaine et donnent lieu à des interpellations à la tribune.

Sous les pères. La Convention, voulant en finir avec les clubs, décrète leur fermeture. Les terroristes essaient de continuer leurs prédications incendiaires dans les sociétés secrètes.

Sous les fils. Mêmes mesures, mêmes motifs, mêmes contraventions.

Sous les pères. La Convention décrète un impôt forcé d'un milliard sur les riches.

Sous les fils. Le 15 mai, pendant l'envahissement de l'Assemblée constituante, Barbès monte à la tribune, et demande, entre autres choses, l'impôt d'un milliard en faveur du peuple.

Sous les pères. L'armée est infestée par des émissaires, écrits et journaux tendant à provoquer le soldat à l'insubordination et à la révolte.

Sous les fils. Mêmes tentatives, même but.

Sous les pères. Des commissaires à Commune-Affranchie (Lyon) ordonnent le prélèvement d'un impôt forcé, et défendent la sortie de l'argent.

Sous les fils. Le commissaire du Gouvernement provisoire à Lyon ordonne un impôt extraordinaire, en dehors de celui des 45 centimes, et défend la sortie du numéraire.

Sous les pères. Des commissaires de la Convention et des agents de Robespierre poursuivent l'industrie et le commerce pour crime de négociantisme.

Sous les fils. Louis Blanc, membre du Gouvernement provisoire, tonne du haut de la tribune du Luxembourg contre l'industrie et le commerce; il renouvelle à leur égard le serment d'Annibal.

Sous les pères. Le 1er prairial, les chefs de la Montagne, à la tête d'une émeute formidable, envahissent la Convention pour la renverser. Repoussés, ils se forment en Convention à l'Hôtel-de-Ville, et mettent la Convention nationale hors la loi.

Sous les fils. Le 13 juin, pendant qu'une colonne d'émeutiers marche sur l'Assemblée, des chefs de la Montagne et autres représentants se forment en Convention au Conservatoire des Arts-et-Métiers, après avoir mis la majorité de l'Assemblée hors la loi.

Sous les pères. La Convention détruit peu à peu les établissements les plus importants de l'instruction publique.

Sous les fils. Le ministre de l'instruction publique, Carnot, préconise le système de l'ignorance publique. Les instituteurs négligent leurs écoles, se transforment en courtiers électoraux et propagent le socialisme.

Sous les pères. Des commissaires de la Convention se plaignent du mauvais état de plusieurs administrations publiques et de corps de l'armée; ils font observer à Robespierre « qu'il ne suffit pas d'être bon républicain pour pouvoir être bon administrateur ou général. »

Sous les fils. Le ministre des finances déclare à la commission des comptes du Gouvernement provisoire que le maire de Paris est étranger aux règles d'administration. Un sergent et deux chefs de bataillon sont nommés ministres de la guerre et commandant général des gardes nationales de Paris. Des hommes moins dignes et moins capables sont nommés ministres, ambassadeurs, commissaires, préfets, maires, etc.

Sous les pères. L'incorruptible (1) Robespierre se charge de fournir le *marc d'argent* nécessaire à assurer l'élection de son frère.

Sous les fils. Les pourfendeurs de la corruption électorale inventent le suffrage universel. Ils envoient en même temps dans les départements des commissaires avec des pouvoirs illimités, de l'argent, des ordres, des faux électeurs pour empêcher à tout prix l'élection des candidats *réactionnaires*.

Sous les pères. On est bon patriote quand on a participé à toutes les émeutes, à toutes les conspirations.

Sous les fils. On est, au même titre, bon républicain et ami de la Constitution.

Sous les pères. Les députés courageux qui signalent à la tribune des agents révolutionnaires et des sociétés populaires comme auteurs des désordres, des vexations et des crimes qui désolent les départements, sont déclarés contre-révolutionnaires et traités comme tels.

Sous les fils. Les représentants qui portent à la tribune les provocations des clubs, les menées des agents socialistes et la conduite équivoque

---

(1) Passage d'une lettre trouvée dans les papiers de l'*incorruptible* Robespierre. « Ainsi, puis-
» que vous êtes parvenu à vous former ici (Londres) *un trésor suffisant* pour exister longtemps,
» ainsi que les personnes pour qui j'en ai reçu de vous, je vous attendrai avec une grande impatien-
» ce pour rire avec vous du rôle que vous avez joué dans les troubles d'une nation aussi crédule
» qu'avide de nouveautés. Prenez votre parti, d'après nos arrangements tout est disposé, etc. »
L'incorruptibilité de Robespierre est aussi vraie que le désintéressement des hommes du *National*
et autres républicains.

de quelques fonctionnaires, sont menacés par la Montagne et traités d'espions et de réactionnaires, *faute de mieux.*

Sous les pères. Des émissaires révolutionnaires et des sociétés populaires envoient des députations et des adresses à la Convention, au Comité de salut public et à Robespierre pour demander, au nom de l'*opinion publique*, des mesures oppressives contre les riches et les contre-révolutionnaires.

Sous les fils. La Montagne dépose sur la tribune, au nom de l'opinion publique, des pétitions couvertes de signatures apocryphes pour demander l'abrogation des lois votées dans l'intérêt public et pour faciliter la marche du Gouvernement (impôt sur les boissons, et réforme électorale).

Sous les pères. On viole les autels et les tombeaux en les dépouillant de tout ce qui peut produire quelque argent.

Sous les fils. Une grande partie de l'argent déposé sur le tombeau des victimes de février, destiné à leurs parents et aux blessés, est gaspillé et depensé en orgies (14,70 pour port de vin de Champagne).

Sous les pères. Au Panthéon, le tombeau de Mirabeau est violé ; ses restes sont jetés dans le ruisseau et remplacés par ceux de l'infâme Marat.

Sous les fils. Le Panthéon destiné par la patrie aux tombeaux des grands hommes, est converti en forteresse de la barbarie contre la civilisation.

Sous les pères. Robespierre se fait le champion du paratonnerre de Louis XVI, et ce roi tombe, quelques années après, frappé par la foudre révolutionnaire.

Sous les fils. M. de Lamartine se fait paratonnerre de l'émeute, et sous la Pentarchie l'émeute fond deux fois sur l'Assemblée et sur Paris.

Sous les pères. Les journaux républicains défigurent à dessein les événements et les discussions de la Convention. Le rédacteur en chef du *Moniteur* recommande à Robespierre son journal menacé, et invoque en sa faveur la partialité dont il a fait preuve à l'occasion du procès du roi.

Sous les fils. Les journaux républicains imitent exactement leurs prédécesseurs ; et tandis que le *National* appelle la journée du 13 Juin *une manifestation pacifique,* la *Tribune des Peuples* annonce à ses lecteurs. « *Que la moitié de Paris est au pouvoir du Peuple.* »

Sous les pères. On accordait des paies journalières aux membres des clubs et des sociétés populaires.

Sous les fils. Les membres des ateliers nationaux qui fréquentent les clubs, reçoivent une haute paie de 50 cent. ; les chefs et les orateurs, une indemnité vingt fois plus forte.

On peut regarder ces imitations comme la table des matières contenues dans l'histoire de Robespierre. De là, cette histoire sera aussi celle des républicains sortis de la Révolution de 1848.

Sous les pères. Le général Danican, à la tête d'une armée d'émeutiers, veut, le 13 vendemiaire, dissoudre la Convention. Bonaparte, chargé de sa défense par Barras, défait les émeutiers sur les marches de Saint-Roch.

Sous les fils. Le 13 juin, Étienne Arago, failli non réhabilité, privé des droits politiques et directeur-général des postes sous le Gouvernement provisoire et sous le général Cavaignac, marche sur l'Assemblée nationale à la tête d'une colonne de 12 à 15 mille émeutiers. Le général Changarnier, commandant l'armée de Paris, sous Louis-Napoléon Bonaparte, à la tête d'une petite colonne de troupes, rencontre les émeutiers sur les boulevards et les met en déroute.

CHAPITRE TROISIÈME.

Imitations légitimistes.

Sous les pères. Une grande partie de la noblesse émigre, donne des prétextes et une grande facilité d'action à l'anarchie, et couvre la France de faux assignats.

Sous les fils. Les légitimistes font acte de parti, refusent leur concours aux amis de l'ordre et s'allient aux partisans des assignats.

On va juger quelle responsabilité la Montagne légitimiste doit trouver dans l'histoire des assassins de son malheureux roi.

Après la Constitution de 1789, qui consacrait l'égalité civile et politique, la noblesse n'avait cessé de circonvenir Louis XVI en le promenant dans le labyrinthe de l'intrigue et de l'égoïsme. De là, acceptations et refus, hésitations et protestations contre les lois et décrets de l'Assemblée nationale.

La noblesse, après avoir ainsi poussé son roi dans une fatale impasse, prend le parti de l'émigration, comme sa dernière planche de salut; elle parvient à faire adopter ce système à Louis XVI, qui, malheureux dans sa fuite, finit par porter sa tête sur l'échafaud.

L'émigration, épouvantée par une telle catastrophe, son ouvrage, veut la venger, et pousse plus que jamais à la conspiration intérieure; de là aussi les lois des suspects, les confiscations et les exécutions capitales.

Tels sont les faits historiques qui présentent la Montagne légitimiste comme digne d'une telle dédicace.

Après la chute de Robespierre, la Convention et le Directoire, qui lui

succèdent , continuent à travailler la France par la guerre et par la terreur.

Finalement arrive un jeune guerrier, qui plein d'une sagesse, d'un
patriotisme et d'un courage sans exemple, abat l'anarchie, arrache la
France des bords du précipice, et en fait en peu de temps la première
nation du monde.

Napoléon, que le *droit divin* appelle l'usurpateur, malgré ses titres im-
menses à la reconnaissance publique, malgré les suffrages de la France,
est sans cesse menacé par les trames des agents de cet ennemi implacable de son repos et de sa gloire; et il fit si bien qu'après avoir couvert
deux mondes du drapeau de la France, Napoléon est forcé d'expirer loin
de sa patrie, sur un rocher, où l'avaient enchaîné la haine et la vengeance.

La noblesse, après 14 ans d'exil volontaire, revoit la France rendue
célèbre par le héros du siècle ; le retour de son roi coûte autant que l'é-
mission des anciens assignats, en frais d'occupation, en villes frontiè-
res, en fortifications, en vaisseaux de la flotte, en colonies cédées à
l'ennemi son allié. Les massacres et les vengeances qui suivent ce retour, marchent quasi au pair avec ceux de la terreur.

Dans ses *Mémoires d'Outre-Tombe*, Châteaubriand, le champion du droit
divin, et l'insulteur de la gloire de Napoléon, attribue les désastres de la
terreur à l'émigration de la noblesse et à la faiblesse du pouvoir royal,
qui en fut la conséquence. Il est disposé à accuser l'auteur du *Génie du
Christianisme*, de la mort de ses malheureux amis et du reste de sa
famille, impitoyablement massacrés le lendemain de sa fuite, comme
amis et parents d'émigré.

Les *Souvenirs* de M. Berryer père, qui ne suivit point l'émigration, offrent à chaque page la preuve de l'importance des services dont a été
capable son dévouement au pays et à l'humanité. et des torts impardon-
nables de son parti.

Comme Châteaubriand, il attribue à l'émigration la fin tragique de
Louis XVI, quand il écrit : « L'émigration, cette manie devenue tellement
» à la mode, que le moindre gentilhomme aurait cru être deshonoré s'il
» n'émigrait pas. On était entiché de cette maladie, qui ne devait aboutir
» qu'à laisser le monarque *sans appui dans l'intérieur, en butte aux en-
» treprises journalières des républicains.* »

Le célèbre jurisconsulte, après l'énumération d'une grande partie des
turpitudes commises par les agents de la république sur les biens des
émigrés et reconnues seulement après le décret consulaire qui ordonnait
la restitution des biens invendus, ajoute : « Après toutes ces turpitudes,
» l'impartialité exige que je donne un aperçu de celles qui ont obscurci
» la marche du parti contraire, composé des émigrés et des Vendéens. Je
» n'entends pas parler de la faute impardonnable que commirent les émi-

» grés, puisqu'ils avaient les armes à la main , de ne pas venir en Ven-
» dée mettre, par leur réunion, un terme à la guerre civile et faire triom-
» pher dès-lors la cause de la légitimité ; je n'entends pas parler non
» plus des nombreuses défections qui éclaircirent leurs rangs, ni *de ces*
» *fabrications* antisociales de faux assignats qu'on leur imputa. »

Et après avoir comparé la création immodérée des assignats avec les brigandages des chauffeurs de la forêt d'Orgères, il précise la fabrication d'assignats et la stigmatise en ces termes : « A leur tour, l'étranger
» et l'émigration se sont emparés de la circulation de ces funestes assi-
» gnats pour les surcharger par de fausses fabrications. Il y eut en Alle-
» magne, par une tolérance bien coupable, des fabriques ouvertes de ces
» faux assignats, que l'on introduisait après coup dans l'intérieur de la
» France. C'était une manière moins noble, il est vrai , mais non moins
» désastreuse pour guerroyer contre la république. Un tel encourage-
» ment donné aux faussaires eut cela de plus contagieux qu'il constitua
» la violation la plus patente des droits des gens , exemple à jamais exé-
» crable et calamité plus fatale encore des violations de territoire, der-
» nière infraction du droit des gens qui menace les nations elles-mêmes
» de la perte du bienfait de la civilisation. J'en parlerai en temps et lieu.
» A chacun selon ses œuvres. »

Ainsi, Châteaubriand accuse l'écrivain des *Martyrs* du crime de parri-
cide, et M. Berrier père accuse nettement le parti du droit divin (l'émigration) de lâcheté, de trahison, et, qui plus est, de crime de faux mon-
nayeur, *manière moins noble* de guerroyer contre la république, mais digne en tout point des pères des nouveaux alliés des ennemis de la patrie, de la civilisation et des droits des gens.

Après cela quel aurait été son avis sur la répartition du milliard dit des émigrés?

, L'honnête homme, tout en approuvant la loi sur le milliard, aurait dit sans doute que sa répartition n'a pas été équitable, que les victimes réelles de l'émigration en ont été exclues, et qu'elle a présenté tous les inconvénients démontrés par Cicéron dans son discours sur la loi agraire : *Dare vobis nihil*, CONDONARE CERTIS HOMINIBUS OMNIA, *ostentare populo ro-mano agros.* Cette loi ne vous (peuple) donne rien, *elle donne tout à certains hommes*, en ayant l'air de donner des champs à tout le monde.

CHAPITRE QUATRIÈME.

Les Républicains, les Légitimistes fils (droit divin), le Président et les Modérés.

Charles X, que Louis XVIII laisse en mourant « sur un terrain brû-
lant, » est détrôné en 1830, victime des conseils et des intrigues des
partisans du comte d'Artois. Son successeur tombe en février 1848.
La république qui lui succède, amène avec elle de douloureux souvenirs.
Le mot république seul épouvante les bons citoyens. Ceux-ci, pour ne
pas retomber dans les mains des sans-culottes qui les menacent, réunis-
sent tous leurs efforts dans les premières élections générales, et finissent
par obtenir une Assemblée constituante passable, malgré les circulaires
de Ledru-Rollin et ses clubistes.

L'Assemblée constituante, à peine installée, est attaquée par l'émeute
et par l'insurrection, le 15 mai et dans les journées de juin, où le général Cavaignac est nommé dictateur. L'administration de ce nouveau pouvoir est la continuation de l'esprit de coterie du Gouvernement provisoire et de la Commission exécutive; quant à la France, elle est traitée
tanquam non esset. Les ministres d'estaminets sont remplacés par les
écuyers de Fieschi et de Pépin ; les médecins sans malades sont placés
auprès de la république, et les mauvais marchands de bois aux affaires
étrangères.

Le *National* et les autres journaux républicains, habitués aux discours
boursouflés des Guizot, aux *palinodies* des Thiers, à l'éloquence *baveuse*
des Montalembert, s'extasient devant l'éloquence biéreuse des Flocons et
le silence des autres.

La Constitution, qui consacre le suffrage universel en faveur de l'é-
lection du Président, est votée et promulguée. Le général Cavaignac se
porte candidat à la présidence, remanie son ministère et y fait entrer
deux capacités reconnues, pour avoir l'air de compter un peu avec la
France. Il est vrai de dire que ce remaniement a lieu après plusieurs
échecs éprouvés par ses pauvres ministres devant l'Assemblée. En maître, le général Cavaignac se fait recommander aux élections par son
valet, nouveau ministre, arrête les malle-postes, inonde la France de
pamphlets contre son concurrent, fait présenter à l'Assemblée les listes
des récompenses nationales dites du *National*, et commence l'expédition
de Rome sans consulter l'Assemblée.

Les accointances du général avec les hommes du *National* et autres

républicains, l'éloge pompeux du commissaire de Robespierre et la conduite du ministre de la guerre de la Commission exécutive , ouvrent les
yeux aux bons citoyens. Cette fois, la France, maîtresse de sa volonté
et décidée à s'arracher des mains des ambitieux et des incapables dilapidateurs de sa fortune et de son sang, choisit pour son chef le nom d'un
homme, en souvenir de sa gloire et des services rendus en pareille circonstance. Louis-Napoléon Bonaparte, neveu du grand homme, élu Président à une majorité inouïe, prend, le 20 décembre, possession du
pouvoir que la volonté nationale lui a librement décerné ; dès ce jour
les cœurs honnêtes s'ouvrent à l'espérance d'un meilleur avenir. Le Président de la République, fidèle interprète des suffrages qui l'appellent à
la tête du Gouvernement, loin d'imiter l'exemple du général que la nation
dépouillait de sa longue dictature, appelle dans la nouvelle administration les hommes et les capacités de tous les partis, à l'exception de ceux
sur lesquels la France venait d'apposer son *veto*, A l'instant les affaires
toujours languissantes reprennent leur cours, la rente fait des progrès
rapides, et la tranquillité publique est rassurée. L'Assemblée constituante,
qui a ouvertement appuyé la candidature de son général, prononce
sa dissolution sur la demande de la nation, malgré la journée du 29
janvier.

Des nouvelles élections générales ont lieu , et une formidable majorité
modérée entre dans l'Assemblée législative. Ce résultat fatal à l'anarchie
la pousse de nouveau à se révolter le 13 juin contre l'expression du suffrage universel ; mais cette fois le brave Changarnier, sans imiter le général
Cavaignac, ne donne pas le temps aux émeutiers d'établir *leur plan* et les
met en déroute sur les boulevards sans tirer un coup de fusil. Ainsi finit
une émeute qui devait aboutir à une nouvelle Convention. Cette criminelle tentative, qui couvrit ses auteurs d'une honte et d'une lâcheté in-
effaçable, resserre les liens de la grande majorité de l'ordre qui, malgré
quelques velléités de parti, marche pendant plus d'un an d'un pas ferme
et résolu dans la voie d'une salutaire répression.

Cependant l'*Opinion publique* et ses alliés ne trouvant pas leur compte
dans la renaissance de la confiance et de la tranquillité publique, ne laissent pas passer un seul jour sans dénier effrontément, à l'instar du *Natic-
nal*, les résultats obtenus, et insulter le Président de la République et son
gouvernement. L'orateur, dit Cicéron, raconte avec la plus grande clarté
possible les faits favorables à sa cause, diminue les faits contraires et
les effleure à peine : *Orator collocat in bono lumine suæ causæ faventia,
contraria vero minuit, leviter attingit.* Mais ces partis ambitieux qui se
croient perdus par le simple commencement du rétablissement de l'ordre
et de la prospérité du pays, se récrient aussitôt, et au lieu de se limiter à
atténuer le fait défavorable à leur cause , ils le nient, *negant !* Voilà leur
patriotisme, leur bonne foi. Le mot d'ordre de Blanqui, *entretenir l'agi-*

tation pour *ruiner le pays,* conduit les coalisés à Wiesbaden, à Londres, à Genève et dans les départements. Les uns en rapportent un ultimatum insolent, les autres prêchent l'anarchie et la révolte, préparent la conspiration de Lyon d'où doit sortir « un gouvernement hardi, *capable de faire tomber des têtes* et de transformer la France en une nouvelle Californie ! »

Il est des êtres pour qui tout est joie et bonheur, d'autres pour qui tout est ennui, tout est tourment dans la félicité publique. Le visage riant de l'homme vertueux annonce que tout jouit autour de lui ; le sourire du méchant, que tout gémit, que tout souffre.

Le ministère forcé de demander à l'Assemblée des lois répressives contre des insultes incessantes envers la personne du Président de la République, un député de la Montagne légitimiste se révolte contre la pensée d'attribuer au Président le *délit d'offense,* parce que, dit-il, ce mot *offense* n'est reçu que pour la personne du roi ; or, le Président de la République n'est pas roi, etc. Voilà le Montagnard légitimi ste en plein droit divin. Les six millions de suffrages français ne sont rien à côté du droit divin qu'il préconise ! Quant aux insultes générales et particulières, les journaux montagnards se donnent la main en frères. *Tout mauvais à quelque chose est bon !*

Mais l'intention arrêtée de recourir à tous les excès pour arriver au but devient une action louable, puisque la fin justifie les moyens.

Périsse la France plutôt que le principe !

Le Président demande à l'Assemblée un crédit extraordinaire pour faire honneur aux charges inhérentes à la suprême magistrature de la République, les deux Montagnes, qui ont déjà donné à la France un avant-goût de leur savoir-faire et de leurs exigences, se coalisent pour un refus.

Louis-Napoléon parcourt la France pour se faire connaître des populations qui l'ont élu, et pour connaître de son côté leurs besoins et leurs vœux. Les deux Montagnes se prêtent les mots et les quolibets pour tourner en ridicule un voyage fait dans l'intérêt de l'ordre et de la nation entière. Elles se complaisent dans l'énumération de quelques incidents scandaleux préparés d'avance qui ont pu un instant troubler d'unanimes acclamations.

Et, tandis que, après les élections socialistes de Paris, des membres les plus importants de la grande majorité poussaient des cris de désespoir *sur une armée douteuse et une capitale ennemie,* Louis-Napoléon, après son voyage dans les départements hostiles, tourne ses regards vers la flotte et l'armée qu'il convoque à Cherbourg et dans la plaine de Satory. On peut dire que partout il est reçu par des acclamations non douteuses et capables de faire tomber les appréhensions de la grande majorité de l'Assemblée. Eh bien ! la Commission de permanence, émanée de cette même majorité, lui fait un crime de cette sympathie rencontrée dans le soutien indispensable de la société en péril : les journaux des partis accusent le Président de conspiration, et le journal *l'Ordre*, qui, au 20 décembre, demandait pour sa fondation, 10 centimes par tête aux deux cent mille électeurs qui ont voté pour Louis-Napoléon est avec eux! *On a poussé des cris sous les armes*. Mais ces journaux à *longue* mémoire ont pu oublier leur enthousiasme pour l'heureuse issue de la grande revue que le Président passait au Champ-de-Mars, même par un mauvais temps, quelque jours avant la tentative du Conservatoire, et quelques jours après l'élection de Boichot et Ratier. Cet heureux résultat consistait dans les cris enthousiastes de l'armée : *vive Napoléon! vive le Président! vive l'Empereur!* On peut dire que tout Paris assistait à cette revue mémorable qui avait pour but de s'assurer du dévouement de l'armée après la triple élection de M. Ledru-Rollin. Le gouverneur de Paris, qui commandait à cette mémorable revue que les démagogues ont cherché à troubler comme toujours par quelques cris de protestations disséminés sur les talus, ne s'en est pas inquiété et n'a pas cru nécessaire de contremander les cris de cette armée sympathique ; la majorité de l'Assemblée n'a pas non plus protesté ; il est vrai qu'elle était présidentielle, et n'avait pas encore expédié ses chefs à Wiesbaden et à Claremont, ni espéré, à tort ou à raison, dans l'épée de l'illustre général. Dans cette affaire, le général Changarnier, aux services duquel nous rendons la plus grande justice, a commis trois fautes : 1° celle d'avoir cru qu'il pouvait obéir en même temps aux ordres de la commission de permanence et à ceux du pouvoir exécutif; 2° celle d'avoir voulu répondre aux interpellations qui étaient adressées au Gouvernement (1). Celui-ci avait donc le droit de dire à l'illustre général : *Nemo potest duobus dominis servire.* 3° Celle d'avoir prêté son concours à une monstrueuse coalition, et voté avec MM. Valentin et Colfavru, représentants de l'indiscipline et de l'émeute. Terreur des conspirateurs de bas étage, ce général est destitué pour avoir eu un instant la faiblesse d'oublier ses devoirs et prêté peut-être l'oreille aux conseils des conspirateurs législateurs. Le journal *des Débats*, qui détestait naguère le rôle de Monck, doit être satisfait.

Et les procès-verbaux de la Commission de permanence de 1850 ? Voilà la clef de l'intrigue royaliste ! voilà quelle était la *générosité* dont on voulait faire preuve envers le Président de la République! Les trois quarts de cet incroyable recueil ne parlent que de ses revues; ces imitateurs de Chateaubriand ont l'audace de comparer, ou pour mieux dire

(1) Sous le ministère Dufaure le général Cavaignac ayant adressé des interpellations à son collègue Changarnier, à propos d'un article de l'*Union*, le lendemain le *Moniteur* contenait une note qui, au nom de la responsabilité ministérielle, défendait aux fonctionnaires publics de répondre à l'avenir à toute sorte d'interpellations à la place du Gouvernement.

d'assimiler les cris de *vive l'Empereur!* à celui de *vive la guillotine!* (la sociale) ils disent quelques mots sur les dénonciations d'Allais, mais ils gardent un silence scrupuleux et prudent sur les voyages royalistes et l'ultimatum d'Henri V qui pourtant ont occupé plus d'un jour la presse et l'opinion publique. Cette tactique grossière ne peut résister un instant à l'analyse des faits qui l'ont précédée et suivie.

Le 20 décembre 1848, jour de la proclamation du Président de la République, les troupes, réunies sur la place de la Concorde et commandées par le général Changarnier firent retentir plusieurs fois les cris de de *vive le Président! vive Napoléon!* et même *vive l'Empereur!* personne n'a réclamé, *on était pressé d'arriver au définitif.* Le 29 janvier, le Président ayant parcouru à cheval les endroits occupés par la troupe et la garde nationale, il est reçu par les mêmes acclamations ; à la revue de mai 1849, au Champ-de-Mars, mêmes acclamations et *même silence.*

Le 13 juin, mêmes faits; et même remarque.

Pendant la prorogation de 1849, le Président passe des revues où il reçoit le même accueil sympathique, la Commission de permanence ne s'en émeut pas. Ici il est regrettable que ses procès-verbaux n'aient pas reçu la même publication que leurs successeurs. Les voyages du Président, où les mêmes acclamations sont cent fois répétées, n'inquiètent aucunement la jalouse et hostile Commission; ses procès-verbaux gardent à ce sujet un silence complet. Ces voyages pourtant ont eu un grand retentissement surtout dans la presse : les journaux des coalisés ne les ont pas dédaignés.

Mais alors pourquoi tout ce bruit, toutes ces alarmes pour les revues de Satory? Voici la clef de l'énigme :

A cette époque la presse des partis coalisés entretenait ses lecteurs des combinaisons arrêtées ou à arrêter entre les deux familles des Bourbons, elle devait se défendre sur la signification trop évidente du manifeste de Wiesbaden *qui devait rester secret.* Les républicains devaient faire oublier la découverte du complot de Lyon et d'Oran, ou les tourner en ridicule. Enfin les conseils généraux avaient en nombre émis le vœu pour la révision de la Constitution, et pour avoir un prétexte quelconque de donner un coup de pied à cette manifestation légale et légitime de l'opinion publique, il fallait inventer et donner un corps à une conspiration impérialiste, déclarer la patrie en danger, et créer une occasion pour passer dans le camp de la Montagne (1). Monsieur Thiers se mit à l'ouvrage, il coula à fond son héros et il écrivit sur son drapeau : *guerre à l'Empire!* les blancs et les rouges l'ont suivi ; voilà comment ce

---

(1) M. J. de Lasteyrie, un des orateurs de la coalition Capeto-Orléano-Robespierriste, prononça ces paroles : « Avant les revues, nous étions disposés, eux aussi et moi, à voter la » prorogation des pouvoirs du Président de la République, mais aujourd'hui, etc. »

Grec parlementaire introduisit le cheval de Troye dans la forteresse de l'ordre. *Pallas iniqua fuit.* Eh quoi d'étonnant aujourd'hui ?

Sous les pères. Jullien le jeune réprouvant les cruautés de Carrier, il vantait son zèle et son ardeur dans la persécution du négociantisme.

Sous les fils. M. Thiers défend rigoureusement la propriété et arrive un jour à oublier son patriotisme d'autrefois, il donne la main à la Montagne pour persécuter le prétendu Empire. Ce maître en coalitions a fait sans le savoir sortir de son nom l'étymologie allemande. (Thiers en allemand signifie *bête féroce* ou *animal malfaisant*.)

Ici prend place une autre imitation :

Les journaux des partis coalisés, que contrarie le voyage de Louis Napoléon, ont, en partie, appuyé son élection et soutenu sa politique pendant dix-huit mois ; ils lui font la guerre aujourd'hui à cause des acclamations nationales rencontrées sur sa route, dans la crainte que cette éclatante sympathie contribue à la stabilité du pouvoir qu'ils ont résolu de renverser, en repoussant, soit la révision de la Constitution, soit une prolongation de pouvoirs. Et ces hommes considérables, ces hommes qui captaient les votes des électeurs sous le titre d'amis de l'ordre, au lieu de se consacrer franchement, et selon leurs solennelles promesses, à la tâche difficile et glorieuse de guider la France à travers l'épreuve qu'elle subit, se contentent de dépenser leurs forces en de misérables intrigues, dans le but de nuire à la forme du gouvernement dont ils n'ont pas eu le courage de combattre l'établissement. Leur tâche consiste à rendre la République impossible en l'empêchant de produire rien de bon, et à faire accuser de conspiration et de tentatives d'assassinat le Président de la République et ses ministres, comme ils accusaient Louis-Philippe d'avoir fait assassiner le prince de Bourbon. Avec un langage hypocrite, ils demandent d'urgence des mesures capables de faire face aux circonstances.

Ainsi agissait un commissaire de Robespierre à Bordeaux, l'inventeur des banquets. Ce jeune homme, dans sa première lettre, parle en ces termes du représentant Ysabeau : « Je dois rendre justice à Ysabeau, qui n'a cessé de travailler à bien remplir sa mission, et qui mérite des éloges pour les services qu'il a rendus. » Dans la lettre suivante, Jullien exprime des craintes sur Ysabeau à cause de la sympathie que ce représentant rencontre dans la cité. « Hier nous célébrâmes l'anniversaire du 31 mai; Ysabeau parut avec les corps constitués à la fête, et l'on battit des mains sur son passage; on cria : *Vive Ysabeau!* Il saluait les applaudisseurs. Quelques patriotes indignés firent entendre les cris : *vive le Comité de salut public!* » Dans la troisième, des craintes nouvelles le poussent « à demander le rappel immédiat à Paris du représentant qui se conduit bien, car il faut craindre ce penchant trop facile du peuple à la reconnaissance et à l'idolâtrie qui deviennent la mort de la liberté; il faut craindre que le peuple ne se fasse une habitude, un besoin d'un homme, et qu'il s'identifie avec lui au point de croire de ne pas pouvoir s'en passer. »

Les faits suivants, rapportés à Robespierre dans une quatrième lettre, appuient une nouvelle demande de rappel du représentant trop populaire. « Un artiste flagorneur, retraçant une action assez commune, mit pour inscription : *Événement mémorable passé sous Ysabeau, représentant du peuple*. On l'appela dès-lors le sauveur de Bordeaux ; à la vue même de son ombre, on bat des mains ; on crie dans les rues et au spectacle : *Vive Ysabeau, notre ami, notre père, notre sauveur !* Voilà le professeur de la nouvelle coalition! Cette ligue monstrueuse avec les assassins de leur principe, les royalistes veulent la continuer, comme le faisait pressentir un des leurs dans la réunion électorale de la rue Duphot :« Et que nous importe que des rouges soient nommés ; nous viendrons après eux ; ils ne dureront pas longtemps ! » Et c'est sur des rouges que les sympathies des royalistes sont prêtes à se porter : sur ces hommes qui nient Dieu, l'homme, le ciel, la terre, l'ordre matériel et l'ordre moral ; sur ces hommes que la justice nationale du jury a brevetés du sanglant privilége de bourreau, d'assassin et de pourvoyeur de cadavres; sur ces hommes qui veulent coucher la France dans le lit de Procuste; sur ces modernes Cacus qui veulent creuser leur caverne dans le cœur de la civilisation; sur les héritiers de la Terreur qui ont mis la majorité du pays hors la loi; sur ces hommes, enfin, qui veulent empêcher la France de s'engouer de sa tranquillite à peine renaissante.

Qui aime son pays, sa tranquillité, sa prospérité, ne doit, ne peut, en aucun cas et sous aucun prétexte, prêter le moindre appui à son ennemi implacable. Combattre son ennemi aujourd'hui, et favoriser demain ses projets, ses efforts, ses attaques, c'est renouveler l'émigration à l'ennemi, c'est de la trahison, c'est de la lâcheté.

La France a payé trop cher le prix de sa liberté et de sa souveraineté, pour qu'elle soit prête à se soumettre demain au joug trop pesant de ces intrigants incorrigibles du pavillon Marsan, auteurs de la loi sur le sacrilége, du double vote, du droit d'aînesse, des ordonnances liberticides de juillet, et qui aspirent peut-être à un milliard d'interrègne. Pour ne pas manquer à la justice ni à la bonne foi, il est nécessaire de remarquer que quelques royalistes ont fait cause commune avec les amis de l'ordre, et n'ont cessé de rendre au pays d'importants services en plaçant leur principe au-dessous de son salut et de sa prospérité. Ces hommes honorables et politiques éminents savent à merveille que la France s'appartient aujourd'hui à elle-même, et que nul ne disposera impunément de son avenir sans son consentement; ils savent qu'un appui, une connivence quelconque donnés aux ennemis de la civilisation, suffit pour qu'elle considère cet appui, cette connivence comme une trahison, et comme une *aspiration* au retour des atroces barbaries qui l'ont jadis désolée.

Si ces souvenirs peuvent réveiller des émotions passées, de quelle nature seront-elles, ces émotions, si ces scènes sanglantes devaient se dérouler une seconde fois sous les yeux des fils des premières victimes?

Eh bien ! l'architecte de ce nouveau théâtre vient de jeter son plan dans son récent *memorandum* daté de l'exil. « Il a formellement et absolument condamné le système de l'appel au peuple ! » J'avais bien raison de dire en commençant, qu'une partie des ennemis du Président de la République étaient ces hommes qui comptent élever leur domination sur les ruines de la France, en passant sur le cadavre hideux de l'anarchie ! Si la condamnation formelle et absolue du système de l'appel au peuple n'est pas le signal d'une nouvelle émigration, et d'un retour soudain au système des conspirations intérieures et aux catastrophes de 1793, cette condamnation de l'appel au peuple et la récente coalition de la Montagne blanche avec les rouges est un non-sens.

Atterrés par les coups de leur propre audace, les légitimistes torturèrent cette phrase fatale pour en faire sortir un sens moins défavorable à leur ambition et à leurs projets. Ils frappèrent un corps dur pour le rendre malléable, les éclats leur firent des blessures sans nombre, et une simple meurtrissure devint une plaie mortelle et la cause de cette monstrueuse coalition. Mais les sociétés secrètes de la Légion-S.-Hubert et des Ventes récemment condamnées par le jury, ces armes que le droit divin a empruntées aux ennemis les plus implacables de la société, ne démontrent-elles pas la ferme résolution de traiter, comme les républicains de février, la France en pays conquis, et d'introniser par la révolte et la guerre civile le système antérieur à 1789 ? Il est impossible de ne pas reconnaître cette volonté extrême dans l'extrémité des moyens adoptés pour y parvenir. Habitué à crier : *le roi est mort, vive le roi!* le droit divin croit-il pouvoir avec la même facilité et le même succès ressusciter la prospérité d'une nation qu'il aura détruite en criant : *la France est morte, vive la France?* Le pays peut-il compter sur un tel miracle ? Les fils des émigrés de 1792 sont-ils capables d'un tel prodige ? Ah ! s'il s'agissait d'une coalition !

Louis XVIII, conduit une seconde fois à Paris par l'étranger, proclame, le 28 juin, « le maintien du Gouvernement représentatif. » Son frère, le comte d'Artois, après avoir employé, avec sa camarilla, tous les moyens pour faire sortir le roi des bornes de ses promesses, lui succède en 1825, se fait sacrer à Reims, entre dans les voies tracées au pavillon Marsan, et finit par mettre la Chartre en lambeaux.

Eh bien ! ces moyens violents adoptés contre les libertés et les institutions d'une nation, ne sont-ils pas les précurseurs du régime que réserve à la France le petit-fils de Charles X ? Henri V sur le trône se fe-

rait, comme son grand-père, sacrer à Reims, et, armé de l'Oriflamme,
il s'écrierait comme Louis XIV : *l'État, c'est moi, France à mes pieds !* Le
Le temps presse, les *rouges* remuent, une coalition est sur le métier, la
guerre civile est prête à éclater, le champion du droit divin ouvre ses
trésors présents et à venir ; il envoie de ses griffes, de ses cheveux et
des promesses séduisantes à ses agents conspirateurs ; la femme de son
valet de chambre quitte Wiesbaden pour venir en France et servir d'in-
termédiaire à la correspondance entre les agents et les recrues d'une
nouvelle conspiration.

Mais tout ce travail catilinaire est-il nécessaire au salut de la France? La
France est-elle aujourd'hui tout entière dans les mains des Robespierre, des
Barbès et des Marrast, les dilapidateurs de sa fortune, de son sang, de son
repos! Doit-elle attendre les lis pour échapper au naufrage? Le défenseur
malheureux du maréchal Ney, cette héroïque victime de l'alliance divine
avec les armées étrangères, a déjà démontré la conduite et la capacité
des anciens forgeurs de conspirations et de faux assignats dans les
temps malheureux. Heureusement pour elle, la France d'aujourd'hui est
gouvernée par des hommes capables et intègres qui font prospérer la
fortune publique et privée, qui imposent et forcent au respect de la loi
ses ennemis les plus effrénés, malgré toutes les coalitions du monde.
L'intérêt de la France n'est donc pour rien dans ces tentatives nationi-
cides et le *memorandum* du droit divin? Peut-il dire qu'il agit dans
cette intention louable ? Peut-il invoquer les vœux de la majorité des
Français dont il vient de repousser insolemment la possibilité même
d'une initiative ? Pauvre France ! ne serait-elle jamais assez forte et
puissante pour dominer ces intrigants égoïstes qui aiment mieux la voir
périr et précipiter dans les plus affreuses calamités, que de la voir prospérer dans les mains des autres ?

CHAPITRE CINQUIÈME.

Quasi-imitations républicaines.

Sous les pères. La Convention émet vingt milliards d'assignats ; de là,
   dépréciation progressive, enfin la banqueroute.
Sous les fils. Ledru-Rollin, membre du Gouvernement provisoire, pro-
   pose un impôt forcé de 2 fr. 50 c. à la place de celui des 45 centimes,
   et demande après, avec ses partisans, l'établissement du papier-mon-
   naie. Cet impôt, s'il eût été adopté, aurait produit à peu près cinq
   milliards, c'est-à-dire que la France se serait trouvée comme surprise
   dans la forêt de Bondy par une armée de détrousseurs politiques.
Sous les pères. Les confiscations, la déportation sans jugement, les

'assassinats et la guillotine, se promenaient et s'étendaient sur toute la France, contre toutes les classes sans exception.

Sous les fils. Toutes ces mesures barbares ont été rencontrées à l'état de projet dans les papiers des sociétés secrètes, et notamment dans ceux saisis à l'occasion de l'attentat du 15 mai, des journées de juin 1848, et 13 juin 1849.

Ces quasi-imitations, ou tentatives d'imitations, donnent la mesure de l'audace et de la perversité de ces enfants dignes de la Terreur.

Rien de plus vrai en effet dans l'état de conspirateur ; le *fas* et le *nefas* sont une confusion pour lui, l'odieux le dispute au ridicule ; la volonté d'abord, comme disait Catilina à ses conjurés : *voluntas nemini !* La volonté ne manque à personne. Quant aux moyens ; un guet-apens lui procure une charretée de cadavres pour faire ensuite couvrir une ville de barricades. Un cri lui suffit pour subjuguer la crédulité publique.

Les voilà ces moyens par lesquels on arrive à faire la loi à une nation, et à la plonger dans la désolation. L'humanité qui est censée faire la base de ses calculs n'est rien. Son ambition est tout. Ses premiers regards se portent sur les finances et les caisses d'épargne ; il lui faut de l'argent pour ses orgies et ses plans. L'humanité crédule déplore peu après cette catastrophe qu'elle n'avait pas prévue, *mais il est trop tard !* Il faut satisfaire l'appétit désordonné de ces monstres sortis des sociétés secrètes ou des bagnes ; il faut les reconnaître pour maîtres et trembler que leur colère n'arrive jusqu'à la jeter dans les fers de leur *liberté*. Heureuse alors si elle peut, par le sacrifice de sa bourse, éviter celui de son existence ; heureuse si la fille ne doit pas livrer son honneur au bourreau de son père ! *Quid dabis ut uno ictu morte patrem tuum percutiam ?* Que me donneras-tu pour que je tue d'un seul coup ton père ? (Paroles de Cavaignac, commissaire de la Convention). En fait de *fraternité*, l'usage infâme d'une grande partie de l'argent donné pour les veuves, orphelins et blessés de février, et la chasse donnée aux ouvriers étrangers sont un exemple vivant ; il est vrai que ces mêmes dilapidateurs sacrilèges et ces frères ont fait du bruit pour quelques couronnes enlevées aux tombeaux de leurs victimes ; mais ces dévots avaient-ils quelques mois avant étouffé leurs mânes avec le sang innocent de l'archevêque de Paris, et chanté dans les rues ce refrain *populaire : Les peuples sont pour nous des frères, et le travail notre ennemi?*

Et l'*égalité !* Le Maire de Paris accumule les traitements de membre du Gouvernement provisoire, de maire de Paris et de représentant du peuple. Louis Blanc, et Albert, ouvrier, qui prêchent au Luxembourg l'égalité des salaires, perçoivent 110 fr. par jour ; leurs disciples et adhérents des ateliers de Clichy n'en reçoivent que 2. Des commissaires du Gouvernement provisoire imitent dans le cumul le Maire de Paris, et tous ont

soin d'éviter les réductions ordonnées sur les appointements des fonctionnaires publics. La paie journalière des membres des ateliers nationaux est d'un franc, celle des chefs et autres meneurs parcourt une
échelle de 2 à 50 francs, etc.

L'égalité est-elle politique? Des *républicains* votent deux ou trois fois
aux mêmes élections.

L'égalité est-elle légale? Des *républicains*, déclarés par la loi incapables ou indignes, prennent part aux élections en cachant leur incapacité
ou indignité. Les mêmes se font en outre les chefs et les meneurs des
clubs et des réunions électorales.

Quel beau mot que le mot *humanité!* mais la pratique? Une société
d'hommes de lettres fait une pension à la veuve malheureuse d'un de
leurs collègues, et l'associé chargé de mettre à exécution cette philan-
thropique mesure, remplit son mandat de la manière suivante :

« Il existe sur les bancs de l'Assemblée un représentant du peuple,
je plains le peuple! un montagnard, un socialiste, un démocrate, qui
compte parmi les plus fidèles champions de l'Idée. C'est un homme de
banquets, un homme de harangues, un homme toujours prêt à parler de
vertu, de fraternité, d'amour, de dévouement. A la tribune on le pren-
drait pour un petit saint, un saint malpropre, il est vrai. Voici comment
le petit saint agit dans la pratique.

» Ce montagnard faisait jadis partie, peu importe le temps, d'une Revue à laquelle un grand nombre de savants étaient attachés. Un jour
vint, où l'un de ces savants mourut. C'était parmi les collaborateurs
de la revue, l'un des plus actifs et des plus érudits ; mais comme beaucoup d'autres savants, il n'avait pas eu occasion de faire fortune. Il
laissait donc pour tout héritage une collection de travaux ébauchés et
une veuve.

» Cette pauvre veuve allait être sans pain. Les administrateurs et les
rédacteurs de la Revue se réunirent, et décidèrent qu'en mémoire de la
part que le savant avait pris au succès de l'entreprise, une rente men-
suelle de *cent* francs serait comptée au nom de la Revue à la malheureuse veuve.

» Et pour atténuer ce que pouvait avoir d'affligeant pour une femme
cette espèce d'aumône littéraire, on pria le socialiste, ami intime du
défunt, de porter lui-même cet argent à la veuve. Il y consentit.

» Un assez long temps se passa. Au bout de ce temps la veuve se pré-
senta un matin au bureau de la Revue. Ses vêtements, bien que propres,
dénotaient une extrême indigence.

» Monsieur, dit-elle au gérant, l'horrible position où je me trouve
m'a seule donné le courage de venir à vous, je suis à bout de ressources, j'ai vendu tout ce que j'avais, hardes, meubles, linge, tout. Je n'ai
plus rien. Demain j'aurai faim. En souvenir de mon mari, que vous ai-

miez, et qui a travaillé avec vous, je viens vous demander quelque secours.

» Le gérant tout étonné fit asseoir la pauvre veuve, l'interrogea, et de paroles en paroles finit par lui parler des *cent* francs que la Revue lui faisait compter chaque mois.

» Mais je n'ai jamais rien reçu! s'écria la malheureuse femme, au comble de la surprise.

» Jamais rien !..... Mais votre ami, M. L., est chargé par nous de vous remettre cette somme depuis la mort de votre mari.

» La veuve secoua la tête, et déclara qu'elle ne savait pas ce qu'on voulait dire.

» Le gérant réunit le conseil de rédaction et d'administration, lui fit part de ce qu'il venait d'apprendre, et l'on alla aux informations.

» Toutes les choses éclaircies, on sut, à n'en pas douter, que l'honnête socialiste mettait l'argent dans sa poche et l'employait fraternellement à ses petits besoins.

» Ce qui n'empêchera pas le pauvre homme de parler de vertu au premier banquet où l'*Idée* le conviera.

» Signé ALCESTE »

(Extrait d'une lettre de l'*Assemblée nationale* au général Lamoricière, 13 mai 1849, journal de la coalition.)

CHAPITRE SIXIÈME.

Non-imitations républicaines.

Sous les pères. Un détenu au Luxembourg écrit plusieurs fois à Robespierre pour lui dénoncer plusieurs de ses co-détenus « qui conspirent nuit et jour contre la République. » Ces dénonciations répétées procurent à son auteur la protection de Robespierre et sa mise en liberté.

Sous les fils. Un détenu à la Conciergerie, impliqué dans l'affaire du 15 mai, écrit *trois fois* au Préfet de police, pour lui signaler son co-détenu, le docteur *Lacambre*, qui organise à l'infirmerie le plan des barricades de juin. » M. Trouvé-Chauvel ne fait aucun cas de ces dénonciations circonstanciées ; en récompense de cette criminelle négligence le magistrat prévaricateur est nommé préfet de la Seine et ministre des finances par le général Cavaignac.

Sous les pères. La Convention lève ouvertement une armée considérable pour combattre les ennemis du dehors.

Sous les fils. Le Gouvernement provisoire fait secrètement envahir une partie de l'Europe par une armée de voleurs et de pillards.

Sous les pères. Le 9 thermidor, Robespierre jeune se déclare solidaire
de la conduite de son frère et demande à partager son sort.

Sous les fils. Le 13 juin une partie des membres de la Montagne, qui ont
signé la mise hors la loi de la majorité nationale, renient leurs signatures pour échapper aux poursuites dirigées contre leurs complices
de la Convention des Arts-et-Métiers.

Sous les pères. Le 1er prairial, l'émeute ayant envahi la Convention,
après avoir assassiné le représentant Feraud, menace le président;
Boissy-d'Anglas résiste et reste immobile sur son siége.

Sous les fils. Le 15 mai, l'émeute ayant envahi l'Assemblée nationale,
son président cède aux menaces des émeutiers et donne l'ordre de-
mandé de cesser de battre le rappel. M. Buchez fait en outre dispa-
raître du *Moniteur* le compte rendu de cette séance et les traces de
sa lâche conduite.

Il est inutile de retracer les conséquences graves des dénonciations et
la négligence obstinée, pour ne pas dire calculée, de l'autorité. Les
néfastes journées de juin, l'élévation du général Cavaignac et celle du
préfet infidèle, qui en furent le résultat, parlent trop haut. La faiblesse
scandaleuse de M. Buchez rapprochée de l'hésitation coupable du ministre
de la guerre Charras, hommes du *National*, laissent entrevoir la ligne de
conduite suivie par leur ami le rémunérateur des fonctionnaires indignes
et traîtres.

La couardise des membres de la Montagne peut se passer de commen-
taires. *Auri sacra fames !*

Des imitations, quasi-imitations et non-imitations républicaines, résulte
la preuve écrasante que les hommes de la seconde république n'ont imité
leurs pères que dans la curée des places, les dilapidations, les clubs, la
terreur, la guerre civile, le mensonge, les conspirations, les manifesta-
tions, les émeutes, la désorganisation, les impôts forcés, la banqueroute,
les confiscations et le mépris de la volonté nationale. Ils se montrent
révolutionnaires et conspirateurs comme leurs pères sans avoir le courage de leur opinion devant la justice du pays ; criminels ordinaires, ils
nient effrontément leur participation aux faits incriminés et patents :
Nemo tenetur detegere propriam turpitudinem : voilà comme ils répondent
à la justice ; ils imitent parfaitement en cela les voleurs et les assassins
ordinaires. Leurs défenseurs, impuissants contre la vérité accablante
plaident le droit à l'insurrection. Champions de la liberté illimitée de la
presse, ils établissent volontairement la censure. Les journaux républicains négligent ou dénaturent la publication des événements inté-
rieurs et extérieurs les plus importants, et leurs lecteurs ne peuvent connaître que ce qu'il convient aux censeurs populaires d'écrire. Vive la
lumière sous le boisseau !

CHAPITRE SEPTIÈME.

Républicains socialistes et communistes.

La catégorie des républicains dit socialistes et communistes ne doit pas passer inaperçue. Les chefs de cette double secte républicaine sont Proudhon : Considérant, Pierre Leroux, Louis Blanc et Cabet.

Proudhon fait son début dans la carrière républicaine socialiste par le journal *Le Peuple* et par un article intitulé : *La propriété, c'est le vol !* Vient ensuite la condamnation de l'*infâme* capital et la création de la banque du peuple. Cette banque à peine ouverte se ferme pour jamais ; ses naïfs et trop crédules actionnaires, pour la plupart ouvriers, perdent les deux tiers de leur capital. Proudhon en annonçant les malheurs de sa récente création a l'audace d'affirmer que la banque du peuple n'était qu'un moyen de faire marcher et prospérer son journal qui, disait-il, était le moniteur officiel de cet établissement impossible. Après ce cynique aveu il ouvre des souscriptions pour le paiement des amendes encourues. Son appel est encore entendu. Les souscriptions qui montent à la somme considérable de 17,000 fr. vont encore augmenter ses premiers bénéfices, et le journal *Le Peuple* disparaît. Il est vrai que Proudhon a été un ennemi infatigable et invincible pour ses coreligionnaires ; aussi Considérant en fait le portrait dans ces termes tout *fraternels !*

« Pour en finir avec M. Proudhon, vous êtes fou, mon brave homme,
» fou d'une de ces folies qui inspirent un légitime dégoût. C'est cette
» triste maladie de l'esprit qui donne aux écrits cette odeur de haine et
» cette couleur fauve qui les caractérisent. Vous n'avez vécu que de dé-
» nigrements et de morsures ; vous ne vous êtes fait un nom que par la
» détraction de ceux-là mêmes dont vous exploitez les idées, car vous
» n'avez rien, entendez-vous, rien de sérieux à vous, pas une miette
» d'idée, pas un brin de pensée. Un zéro, très-gros, très-boursouflé,
» plein de tapage et de venin, j'en conviens, mais un zéro en chiffre et
» pas autre chose, voilà votre compte ; vous avez tout abîmé, tout brûlé,
» monsieur Proudhon, pour vous faire un nom. Si votre nom historique
» et extérieur est Erostrate, votre nom intime est bien plus sinistre
» encore, vous vous appelez *Destruction.* Je vous trouve, en un mot, dans

» la sphère des principes et des idées, ce caractère mystérieux, fatal et
» sacro-saint que de Maistre retrouvait dans la conception antique et
» quasi-pontificale de *Bourreau*. »

Considérant, l'apôtre phalanstérien qui, le mois de mai 1849, osa demander à la tribune la forêt de Saint-Germain et six millions pour ses
expériences communistes, est à son tour peint en frère par Prudhon en
attendant qu'il puisse « aller discuter dans les caves de la banque de
» France. »

«Pour en finir avec M. Considérant, il faut avoir eu l'esprit hébété pendant
» vingt ans par les vapeurs méphitiques du phalanstère, pour se conduire
» d'une façon aussi niaise que l'a fait en cette circonstance M. Considérant.
» La *Démocratie pacifique*, organe quotidien de la prétendue école socié-
» taire, est une sorte de déversoir de toutes les folles absurdités et im-
» puretés de l'esprit humain. Ce déversoir a pour enseigne le nom du
» plus grand mystificateur des temps modernes, Fourier ; pour but réel,
» une spéculation d'intrigants sans principes. Il n'y a point de théorie
» de Fourier, point de science sociale d'après Fourier, par conséquent
» point de socialisme phalanstérien, il n'y a qu'une coalition de charla-
» tans dont vous (les abonnés de la *Démocratie*) n'êtes tous que les mi-
» sérables dupes. Votre incapacité, monsieur Considérant, éclate jusque
» dans votre dépit. Votre parole est comme un cuivre enduit de plomb, une
» cymbale fêlée. Vous êtes mort, mort à la démocratie et au socialisme.
» Ce qui parle, ce qui écrit, ce qui jargonne, ce qui déblatère sous le nom
» de Victor Considérant, n'est plus qu'une ombre, l'âme d'un trépassé
» qui revient parmi les vivants pour demander des prières. Va, pauvre
» âme, je vais réciter pour toi un *De profundis*, et je donnerai quinze
» sous pour te faire dire une messe. »

Pierre Leroux, renommé à cause de sa république des peupliers et sa
triade amoureuse, a été baptisé par Prudhon, *le Faux Bon-Homme*.

Louis Blanc, le réformateur du travail et du commerce, l'Annibal de
l'industrie, est présenté par Prudhon sous les traits suivants :

« M. Louis Blanc raisonne de la logique et de l'économie politique
» comme un aveugle des couleurs ; ce n'est qu'un véritable hermaphro-
» dite, un publiciste à double sexe : sa conception est fille au moins de
» trois pères : le Saint-Simonisme, le Fouriérisme et le Communisme. Le
» communisme ! il supprime, pour subsister, tant de mots, tant d'idées,
» tant de faits, que les sujets formés par ses soins n'auront plus besoin
» de penser, de parler ni d'agir ! Ce seront des huitres attachées côte à
» côte sans activité ni sentiment sur le rocher de la fraternité. Loin de
» moi communisme ! votre présence m'est une puanteur, et votre vue me
» dégoûte ! Passons vite sur les constitutions des saint-simoniens, fou-
» riéristes et autres prostitués, triste illusion d'un socialisme abject !
» dernier rêve de la crapule en délire. »

Cabet, le roi d'Icarie, a été aussi fameux que Proudhon, Considérant, Pierre Leroux et Louis Blanc. Ni les badeaux, ni les dupes lui ont fait défaut : seulement les victimes de cette aveugle confiance ont appris trop chèrement à connaître la valeur des promesses de ces marchands d'orviétan. Laissons-les parler : « Un membre de la seconde avant-garde » raconte qu'ayant touché à la Nouvelle-Orléans, les Icariens débarqués » ont mis leur montre en gage pour fonder leur capitale. Tombé malade, » il demande un médecin ; l'agent de Cabet lui répond que l'argent est » destiné aux besoins de l'Icarie. Arrivé finalement en Icarie, il apprend » que, la veille, la colonie a mis la clef sous la porte, et levé le pied, faute » de vivres et de fonds. Arrivé au comble du désespoir, il demande une » partie de l'argent déposé au moment de son départ pour s'en re- » tourner : Ton argent est f....comme celui des autres. »

Un autre membre révèle des détails de ménage aussi curieux qu'édifiants :

« Cette chimère (la constitution icarienne) est l'état le plus infâme pos- » sible : c'est l'esclavage complet, c'est l'enfer. Si vous êtes cent, c'est » cent maîtres que vous avez. Vous ne pouvez ni faire, ni boire, ni » manger qui ne soit à retoucher ou à censurer ; vous n'avez aucune » liberté, et toute la journée disputes pour le manger : Toi, tu manges » trop : moi, je mange moins ; tu es un fainéant ; et toute la patience du » monde ne suffirait pas pour une heure. »

Une dame qui a déposé 2,000 fr. dans la caisse de M. Cabet à Paris, avant son départ pour l'Icarie, arrivée à Boulogne-sur-Mer, demande un à-compte de 15 fr. pour ne pas mourir de faim dans ce pays où elle veut s'arrêter ; un refus. Enfin voici la déposition faite à l'occasion du procès en escroquerie, intenté contre ce scélérat philanthrope :

« Il n'y a pas au monde d'esclavage aussi dur que le communisme en » action. S'il n'y a point de soupe pour tout le monde, on la donne aux » chiens pour ne pas faire de jaloux. A table, ce n'est pas son assiette » qu'on regarde, mais celle de ses voisins, et l'on trouve toujours leurs » *pitances* plus grosses et meilleures que la sienne. Il faut que chacun ait » le même appétit et les mêmes goûts, car les morceaux sont pesés, et » tout le monde doit manger du même plat ! Tant pis si vous avez bon » appétit, vous n'avez que votre portion , et ceux qui (chose rare parmi » les communistes), n'ayant pas faim, ne mangent pas tout, donnent le » reste aux chiens, toujours pour ne pas faire de jaloux dans la so- » ciété. »

Voilà les pères du *peuple,* les régénérateurs de la société, les précurseurs du bonheur et les destructeurs de la misère.

CHAPITRE HUITIÈME.

Républicains cosmopolites.

Une autre catégorie de républicains plus dangereuse, à cause de leur activité et de leur audace, se rencontre dans les républicains cosmopolites.

Un comité central démocratique-européen est établi à Londres, et a pour organe *le Proscrit*. Ce comité ne demande rien moins pour arriver à ses fins, qu'une caisse et un budget social, pour tenir en permanence l'armée dévastatrice qui doit, à un jour donné, promener la torche dans toute l'Europe et dans la France en particulier.

Il y a quelques mois, un docteur de Berlin prit pour thèse la question suivante :

De morbo democratico, nova insaniæ forma : « De la maladie démocratique, nouvelle espèce de folie. » Cette thèse extraordinaire fut traitée en latin, et dans l'ardeur de la discussion, qui fut très-animée, un compétiteur se nomma *ruber democraticus*, « démocrate rouge, » ce qui signifie qu'il y a en Allemagne et ailleurs des démocrates de plusieurs couleurs. Mais la couleur la plus épouvantable est celle des démocrates cosmopolites, c'est-à-dire celle du comité de Londres, dont plusieurs membres appartiennent malheureusement à la France et ont joué le premier rôle dans les émeutes qui l'ont dernièrement ensanglantée.

Nous allons donner ici leur programme.

Programme de la société des Démocrates cosmopolites.

« Tout ce que nous avons fait jusqu'ici pour vous, tendait à vous ren-
» dre dignes de travailler, comme nous et avec nous, à la destruction
» à l'anéantissement de toute loi, de toute société civile, de toute Ré-
» publique même, de toute démocratie, comme de toute aristocratie,
» de toute monarchie. Tout cela ne tendait qu'à vous faire devenir peu
» à peu, à vous persuader ce que nous disons clairement : Tous les hom-
» mes sont égaux et libres, c'est là leur droit imprescriptible ; mais ce
» n'est pas sous les rois seulement que vous perdez l'usage de cette
» liberté ; elle est nulle partout où il existe d'autre loi pour les hommes
» que leur volonté même. Nous vous avons beaucoup parlé de despo-
» tisme et de tyrannie, mais le despotisme et la tyrannie ne sont pas

» seulement dans le monarque et dans l'aristocrate, *on les retrouve es-*
» *sentiellement dans le peuple souverain démocrate, dans le peuple lé-*
» *gislateur* comme dans le roi législateur.

» Quel droit a donc ce peuple ou cette *multitude et sa majorité* de
» me soumettre moi et la minorité à ses décrets? Était-ce là le droit
» de la nature? Existait-il des peuples souverains et législateurs, plus que
» des rois ou des aristocrates législateurs, quand l'homme jouissait de
» son égalité et de sa liberté naturelle?

» Tout ce que nous disons contre les despotes et les tyrans, n'était que
» pour vous amener enfin à ce que nous avons à vous dire *du peuple*
» *même, de ses lois et de sa tyrannie.*

» Ces Gouvernements démocratiques ne sont pas plus dans la nature
» que les autres Gouvernements.

» Si vous nous demandez : Comment les hommes vivraient-ils désor-
» mais sans lois et sans magistrature, sans autorités constituées, réunis
» dans leurs villes, la réponse est aisée.

» *Laissez là et vos villes et vos villages, et brûlez vos maisons.* Sous la
» vie patriarcale, les hommes bâtissaient-ils des maisons, des villes et
» villages? Ils étaient égaux et libres ; la terre était à eux ; elle était égale-
» ment à tous ; et ils vivaient également partout ; leur patrie était le
» monde, et non pas l'Angleterre ou l'Espagne, l'Allemagne ou la
» France. C'était toute la terre, et non pas un royaume ou une républi-
» que dans un coin de la terre.

» Soyez égaux et libres, et vous serez cosmopolites ou citoyens du
» monde.

» Sachez apprécier l'égalité et la liberté, et vous ne craindrez pas de
» voir brûler Rome, Vienne, Paris, Londres, Constantinople et ces villes
» quelconques, ces pays, ces bourgs et ces villages que vous appelez
» votre patrie.

» Frère et ami, tel est le grand secret que nous vous réservions :
» *L'amour national est de l'égoïsme.*»

(Lettre confidentielle de Weishaupt, chef de la secte des illuminés cosmopolites *d'Allemagne à un de ses affiliés.*)

Prudhon, le chef le plus remarquable de l'école des démolisseurs socialistes, après avoir critiqué avec force un article du *Proscrit,* signé
Ledru-Rollin, donne à son auteur cette savante leçon : «*Jusqu'ici vous*
n'avez été que des blagueurs. Si vous voulez être encore de quelque utilité
à votre pays, laissez là votre défroque révolutionnaire, et étudiez
sérieusement la philosophie de l'histoire.«

J'adresse de mon côté la leçon de Prudhon aux hommes de bien, aux
amis de l'ordre et de la prospérité de la France, et je les invite à
étudier sérieusement la philosophie de l'histoire de Robespierre, afin
qu'il en sorte pour eux la ferme volonté de se joindre sans distinction

de parti à celui à qui la France a confié le soin du rétablissement de l'ordre, et qui jusqu'à ce jour n'a pas manqué de se montrer digne d'une si grande tâche malgré les coalitions ennemies.

En effet, Louis-Napoléon Bonaparte en proclamant sa candidature à la présidence de la république, disait aux électeurs : Mon nom est le symbole de l'ordre. Amis de l'ordre, je demande vos suffrages !

Le neveu du grand homme avait, entre autres concurrents, le général Cavaignac, ex-ministre de la guerre de la Commission exécutive, et chef du Pouvoir exécutif depuis le 24 juin, et M. Ledru-Rollin, ex-membre du Gouvernement provisoire et de la Commission des cinq. Six millions d'électeurs ont accepté son programme, et l'ont spontanément élevé à la présidence.

Les journaux modérés se levèrent en masse pour soutenir le candidat de l'ordre ; et *la Presse*, entre tous, qui descendit la première dans l'arèn électorale, motivait en ces termes l'appui qu'elle prêtait énergiquement à la candidature de Louis-Napoléon Bonaparte :

« Le nom de Louis-Napoléon Bonaparte représente l'ordre.

» Le nom du général Cavaignac représente l'arbitraire.

» Le nom de M. Ledru-Rollin représente l'anarchie.

» J'appuie le représentant de l'ordre. »

Maintenant, et à deux ans de distance de ce grand acte national, que tout homme de bonne foi, la main sur la conscience, se lève et dise si Louis-Napoléon Bonaparte n'a pas été fidèle à son nom ! La reine de la civilisation, la France souveraine, pourrait-elle avoir moins de bonne foi qu'un de ses anciens rois, à qui l'histoire attribue cette noble maxime : *Si la bonne foi était bannie du monde, elle devrait se trouver dans le cœur d'un roi !*

Cicéron, le jour de l'expiration de son consulat, étant obligé de faire dans le *forum* le serment d'avoir été fidèle aux lois de la république, un tribun, ami de Catilina et de ses complices qui venaient d'être terrassés par le vigoureux consul, l'apostropha violemment et voulut l'empêcher de parler. (Il est évident que, sous toutes les républiques, les ambitieux protégent les conspirateurs et les émeutiers.) Alors Cicéron s'arrêta un instant, et renforçant sa voix noble et sonore, il s'écria : *Je jure que j'ai sauvé la patrie !* Le peuple assemblé, témoin de la conduite du violent tribun, répondit avec enthousiasme : *Nous jurons tous qu'il a dit la vérité.*

Si le Président de la République française, après avoir imité le consul romain, se présentait aujourd'hui aux hommes d'ordre, à ses mandataires, et s'écriait comme Cicéron : *Je jure que j'ai sauvé l'ordre !* qui oserait répondre autrement que le peuple romain ?

Le grand républicain, arrivé à la fin de sa carrière, voyant sa patrie près de tomber entre les mains des ambitieux triumvirs, disait au peuple romain, en lui montrant les faisceaux consulaires : Voyez ces faisceaux, emblème de la puissance nationale ! eh bien ! pourriez-vous par hasard croire qu'en les divisant en plusieurs parties, ces faisceaux conserveraient leur force première ? Vous croiriez l'impossible. *Consulite vobis, prospicite patriæ*, songez à vous, et tenez constamment vos regards fixés sur la patrie ; restez unis comme ces faisceaux, et la patrie, la liberté seront sauvés. Quelle est d'ailleurs cette liberté dont vos flatteurs veulent vous doter ? La liberté de tout faire ! Mais la liberté de tout faire, belle en apparence, exclut la liberté elle-même ; elle est la liberté des sauvages, le despotisme le plus affreux ! *Nam quæ reliqua spes manet libertatis, si quod libet licet, quod licet possunt, quod possunt audent, et quod audent faciunt ?* Car, quel espoir vous reste-t-il encore de liberté, si tout ce qui passe par la tête est permis, tout ce qui est permis on le peut, tout ce qu'on peut on l'ose, et tout ce qu'on ose on le fait ? — Et sans aller chercher d'autres exemples de patriotisme à Rome, voici le conseil qu'un électeur donnait à ses amis appelés à l'élection des représentants sous l'ancienne république : « N'allez pas confier les intérêts du pays à » l'homme à qui vous ne voudriez pas confier le vôtre. » Si ce sage conseil avait été renouvelé et suivi, les amis de l'ordre et de la civilisation auraient-ils eu la honte de voir au Gouvernement et dans l'Assemblée ces hommes qui, chargés de dettes, n'étaient plus maîtres de leurs vêtements (1), ces faillis non réhabilités, ces piliers d'estaminets, dont le crédit était inférieur à la valeur d'une cruche de bière, ces hommes sans nom, sans talent et sans honneur, ces députés insolvables, ces hommes enfin, qui, après avoir fait banqueroute aux bons du Trésor et aux dépôts des caisses d'Épargne, ont levé des impôts forcés désastreux, et gaspillé le tout en émeutes, en orgies et en guerre civile ; ces hommes qui espèrent bientôt recommencer au moyen des coalitions ?

L'Europe, le monde entier a vu pendant quelque temps la vertu et le savoir en France remplacés par le vice et l'ignorance, la foi privée détruite et remplacée par la mauvaise foi publique, l'homme n'était plus honnête pour avoir payé ses dettes, mais pour avoir appartenu ou appartenir aux sociétés secrètes. Comme sous la première république, celui qui s'était enrichi aux dépens de ses créanciers et de la patrie, n'avait qu'à se faire Jacobin pour être galant homme ; de nos jours, il a suffi à ces mêmes hommes de se faire hommes du *National* et amis de la Constitution, pour devenir l'homme probe par excellence et l'ami des royalistes.

(1) Un créancier de M. Ledru-Rollin ayant fait saisir sa garde-robe, Mᵐᵉ Ledru-Rollin s'y opposa comme cessionnaire.

CHAPITRE NEUVIÈME.

Arbitraire et despotisme au pouvoir. Liberté dans l'opposition.

Les républicains et le droit divin qui ont pesé sur la France ont démontré jusqu'à l'évidence la réalité des paroles du grand orateur. Tacite les connaissait très-bien, lui aussi, quand, en parlant d'eux, il dit : *Ut imperium evertant libertatem appellant; cum everterint libertatem, ipsam aggrederentur.* Pour renverser le gouvernement établi, ils invoquent la liberté ; à peine ont-ils réussi, qu'ils montent à l'assaut de la liberté elle-même.

Au pouvoir. Ledru-Rollin détruit par ses circulaires la liberté électorale.

Dans l'opposition. Son secrétaire et lui se récrient sans cesse à la tribune contre ce qu'ils appellent les atteintes portées à la liberté et au suffrage universel.

Au pouvoir. Les dilapidations sans exemples sont des choses fort simples, elles sont le produit des *capacités* politiques du nouveau Gouvernement.

Dans l'opposition. L'emploi mal expliqué de dix francs fait l'argument de vingt discours et d'autant d'articles de journaux contre les dilapidations de la fortune publique.

Au pouvoir. Les républicains dépensent en orgies l'argent déposé sur le tombeau de leurs victimes et deviennent des sangsues du peuple mort.

Dans l'opposition. Ils donnent aux riches le nom de sangsues du peuple.

Au pouvoir. Ils envoient traîtreusement des bandes d'émeutiers pour infester la Belgique, l'Allemagne et l'Italie, et ces Nérons républicains montent après au Capitole pour contempler impassibles les désastres de l'incendie qu'ils ont allumé avec de fausses promesses.

Dans l'opposition. Ils se récrient sans cesse contre la paix à tout prix.

Au pouvoir. Ils jettent les millions à pleines mains en apanage aux fainéants et repris de justice des ateliers nationaux.

Dans l'opposition. Ils jettent feu et flammes contre les dotations.

Au pouvoir. Ils présentent et font adopter un budget de dix-huit cents
millions, après avoir levé un impôt extraordinaire et fait banqueroute
à l'ouvrier de ses pauvres épargnes.

Dans l'opposition. Ils défendent, avec un zèle ardent, les bourses des
contribuables.

Au pouvoir. Ils prennent leurs fonctionnaires sur la liste des faillis, dans
la fange des tapis francs et la fleur des bagnes.

Dans l'opposition. Ils se montrent critiques sévères de la moralité des
fonctionnaires publics.

Au pouvoir. Ils s'opposent aux enquêtes sur les faits politiques passés
sous eux, et sur les comptes du Gouvernement provisoire.

Dans l'opposition. Le moindre fait devient pour eux l'objet d'une demande d'enquête ou d'interpellations.

Au pouvoir. Ils tiennent l'émeute en respect pour conserver leur proie.

Dans l'opposition. Ils crient aux coups d'état pour couvrir leurs sociétés
secrètes et leurs conspirations permanentes.

Au pouvoir. Le général Cavaignac fait sans façon jeter au fond d'un
cachot un journaliste courageux qui a dévoilé *son plan* trois jours
avant son exécution. Ses amis, ses admirateurs demandent l'état de
siége, la déportation des écrivains, la transportation des insurgés,
Il supprime la presse modérée, qui lui criait avec la Commission
exécutive de prendre les mesures nécessaires pour parer aux périls
imminents, et laisse libres les journaux qui donnaient à ces cris de
détresse le nom de *guerre aux portefeuilles.*

Le dictateur demande la suppression des clubs, des lois sur la presse.
Enthousiaste de Pie IX, il ordonne *motu proprio* une expédition armée
en sa faveur, sans prendre garde à la Constitution qui le lui défend. Il
arrête les malles-postes pour pouvoir annoncer à la France qu'il est bon
catholique. Ses amis approuvent tout, conseillent tout, *ordonnent tout.*
Tombés du pouvoir, les mêmes hommes insultent le lendemain son pro-
tégé d'hier ; ils envoient à Rome des émeutiers pour combattre l'armée
française et font des vœux publics pour sa déroute. Devenus tout-à-coup
champions des brigands et des assassins, ils poursuivent de leurs insultes le héros malheureux, Charles Albert, qui joue deux fois sa couronne
et sa vie en faveur de l'Italie. Charles Albert est un traître ! Son fils plus
grand que lui, par sa résignation dans le malheur et par son énergique
dévouement à l'héritage constitutionel de son auguste père, est un lâche!
L'infâme Massini et son ami le traître Ramorin, sont seuls des héros !

Louis-Napoléon défend vigoureusement à Athènes l'honneur de la
France contre l'Angleterre, le *National* et les autres organes républicains défendent l'Angleterre son ennemi. A la tribune et dans la presse,
ils crient contre l'état de siége, la transportation, la loi des clubs, et

couvrent la France de conspirateurs et de sociétés secrètes, pour la punir de s'être débarrassée de leur despotisme incapable et odieux. Sous la royauté constitutionnelle *l'association générale pour la défense nationale*, invention des hommes du *National*, donne naissance à plusieurs sociétés secrètes d'où partent l'insurrection de Lyon, les émeutes qui ont ensanglanté Paris pendant dix ans, les assassins Alibeau, Quenisset, Meunier, la machine Fieschi, les tentatives de la duchesse de Berry et la révolution de 1848.

Sous la seconde République, *la solidarité républicaine*, ouvrage des mêmes hommes, produit la journée du 29 janvier, la Convention des Arts-et-Métiers, l'insurrection de Lyon, les sociétés secrètes des Francs-Juges, des Vengeurs, des Voraces, les pétitions apocryphes contre l'impôt des boissons et la réforme électorale, l'ultimatum de Wiesbaden, le complot d'Oran et de Lyon, et les *fantasmagories* d'Allais où le procureur général de la Cour de Cassation mystifie le procureur de la République ; l'exécuteur testamentaire de Louis-Philippe fait épouvanter la France et l'Europe par le journal *des Débats*, et vote en faveur du fonctionnaire mystificateur.

M. Delescluse, secrétaire général de cette société, motive ainsi dans sa circulaire du 25 décembre 1848 la nécessité de l'abolition des impôts. « Nous comptons sur l'insuffisance des ressources financières actuelles » pour accélérer notre triomphe, et vous concevez que notre première » attention a été de porter examen sur ce point. » Voilà les motifs clairs et irrécusables de la guerre acharnée faite aux impôts depuis l'avénement du Dix-Décembre.

M. Martin Bernard, président du conseil de cette même société, en parlant de la victoire remportée par les amis de l'ordre, s'exprime en ces termes dans une lettre adressée le lendemain à un de ses *affidés* de Lyon : « A l'œuvre donc, la position n'est pas mauvaise, la venue de » Bonaparte nous procure deux avantages : le premier c'est que Cavai- » gnac soit mort et enterré; le second, c'est de nous mettre de suite en » présence d'un danger qu'il nous fallait toujours subir tôt ou tard, et » mieux valait que ce fût de suite, car le Bonaparte n'est pas un person- » nage sérieux ; car, avant peu, quand l'engouement du peuple pour le » nom magnifique de Napoléon sera passé, la nullité de ce porteur de » nom apparaîtra à tous, même à nos pauvres frères aveugles des cam- » pagnes, tandis que si notre candidat, par impossible, fût arrivé im- » médiatement, *c'est la Montagne, c'est la Démocratie tout entière que le* » *peuple eût accusée peut-être des misères* de la situation. »

Les misères de la situation accumulées par ces savants et intrépides réformateurs étaient donc bien grandes, pour qu'ils descendissent à un tel aveu d'impuissance! Ce ne sera cependant que la première fois que ces flagorneurs du peuple auront parlé le langage de la vérité. Mais ces apôtres involontaires de la vérité, ces conspirateurs endurcis et disciples fidèles de Blanqui, ne continuent pas moins leur travail souterrain dans l'officine des misères. Inquiétés de toutes part par la vigilance des *ennemis du peuple*, ils créent de nouveaux laboratoires dans les grottes africaines, « afin de délivrer l'Algérie du despotisme militaire. »

Le droit divin envahit deux fois le sol français avec les armées étrangères pour en chasser le *despotisme usurpateur*, et cloue la gloire de la France sur un rocher barbare. Le père de la Charte qui prend sa fille au sérieux est constamment en butte aux tracasseries et aux menées des partisans de l'ancien régime, de ces hommes qui n'ont rien appris ni rien oublié.

Charles X, qui ne se rappelle plus les dernières paroles de son prédécesseur, suit le conseil des anciens complices du comte d'Artois et viole les libertés consacrées. Louis-Philippe, proclamé roi constitutionnel, prête serment de fidélité à la Charte modifiée dans un sens plus libéral. Le droit divin, *partisan de la liberté*, entre dans l'opposition et devient son ennemi irréconciliable ; il réunit ses attaques aux attaques incessantes de M. Thiers et des républicains, ennemis des deux droits, et finit par le renverser. En 1814 et 1815, les intrigues des républicains et le droit divin réunis perdent Napoléon à l'intérieur. Sous la République de 1848, les mêmes hommes font la guerre à son neveu malgré les droits qu'il tient de la volonté nationale exprimée librement par une majorité sans exemple et malgré sa bonne administration.

L'ambition et la basse cupidité du pouvoir ont seules jusqu'ici poussé ces hommes aux excès de leur opposition à la volonté nationale, volonté qu'ils ont tour à tour invoquée et reniée, méprisée et méconnue, négligée et violée.

Le droit divin, qui est loin de la reconnaître, se sert de la volonté nationale dans les élections avec l'intention arrêtée de la renverser plus tard. Les républicains de naissance, de la veille et du lendemain respectent et défendent la volonté nationale en tant qu'elle les porte au pouvoir. Mais si elle a le malheur de les en faire déchoir, la volonté nationale rencontre aussitôt en eux de nouveaux ennemis et des alliés improvisés de leurs ennemis de la veille. Les transporteurs embrassent les transportés ! Tous ces révolutionnaires, tous ces hommes incapables et indignes, car il faut bien les appeler par leur nom, se sont fait républicains sous la monarchie pour chercher dans une nouvelle forme de gouvernement les moyens de satisfaire leur ambition et leur égoïsme, et qui oserait le nier ? Ennemis éprouvés du socialisme au pouvoir, ne sont-ils pas passés au socialisme armes et bagages, aussitôt que la volonté nationale a confié à d'autres mains les rênes du gouvernement républicain ? Ce n'était donc pas là République qui faisait l'objet de leurs vœux ? La réponse se trouve catégoriquement dans le rapport de la Cour des comptes sur l'exercice de 1848, gouvernement du *National* et de la *Réforme*. Quels désastres ! Un budget de 1800 millions et un déficit de 300 millions sur les impôts ordinaires ! A Toulouse et à Lyon et autres villes, impôts extraordinaires forcés et ateliers nationaux ; ceux de Paris coûtent 14 millions. Le Maire de Paris laisse jusqu'ici sans justification de prétendues dépenses de huit millions. Le ministre culotteur de pipes ne présente aucune pièce justificative pour son administration des expéditions ténébreuses de Risquons-Tout, de l'Allemagne et de l'Italie, et *même régularite* pour les commissaires ordinaires et extraordinaires. Voilà pourquoi ils ont partagé la France en aristos, républicains de naissance, de la veille et du lendemain ! c'était pour lui sucer jusqu'à la dernière goutte de son sang.

Retombés dans l'obscurité, dont pour le bien du pays ils n'auraient jamais dû sortir, ces faux républicains n'ont pu se consoler un instant de la perte du pouvoir, des gros traitements, des voitures et des clefs du trésor, choses rares en effet et enviables pour des hommes moins que médiocres et ambitieux, insolents, qui, doués de tous les vices et privés de toutes les vertus, ont juré de passer leur vie ou au pouvoir ou dans les bouges des conspirateurs, et de demander sans cesse à la France *ou la bourse ou la vie !* Les gaspillages inouïs du Gouvernement provisoire et la sécurité publique, sans cesse menacée par les sociétés secrètes et la nouvelle coalition avec le droit divin, autorisent ces expressions.

Voilà l'histoire des hypocrites, ambitieux, ennemis de la tranquillité, de la liberté et de la prospérité de la France ! Leur insensibilité à l'égard de la patrie est égale à celle que Cicéron reprochait, dans une circonstance analogue, au conspirateur Catilina : *Nihil, nec te nocturnum præsidium, nihil timor populi, nihil consensus bonorum omnium, nihil horum oræ vultusque moverunt ?* Rien n'a donc pu t'émouvoir, pas même cette armée qui garde jour et nuit le sénat, pas même les alarmes du peuple, pas même les vœux de tous les bons citoyens, pas même leurs prières, leurs têtes vénérables ! *Egredere aliquando ex urbe, patent portæ !* Oui, va-t'en une bonne fois, les portes sont ouvertes !

Amis de l'ordre, voulez-vous être des hommes sages ? Rendez hommage à la vérité, c'est elle qui enseigne la sagesse : *Veritas est sapientiæ magistra.*

Quand l'ordre était en péril, vous avez cru à la parole de celui dont le nom, disait-il, en était le symbole, vous lui avez donné vos suffrages, vous l'avez aidé à remplir la tâche que vous-mêmes lui avez imposée. Seriez-vous disposés aujourd'hui à abandonner votre ouvrage, l'ordre et la patrie ? *Consulite vobis, prospicite patriæ*, je vous crierai à mon tour avec Cicéron : Songez à vous et ne perdez pas de vue les besoins de la patrie ! Regardez la coalition d'hier !

Regardez derrière vous, vous voyez pendant dix mois les imitations et les tentatives d'imitation des scélérats de 1793 ; vous voyez en 1815 l'invasion des alliés, les cours prévôtales, les verdettes, *les brigands de la Loire*, la guillotine en permanence sur la place de Grève, votre gloire conspuée, le milliard des émigrés et la violation de toutes vos libertés. Vous voyez avec la Charte de 1830 partir la prospérité publique et privée, la rente à vil prix, les actions de commerce à vil prix, l'industrie en partie ruinée et perdue, votre sécurité, vos familles, vos biens, plus que menacés ; vous voyez enfin les entreprises publiques arrêtées, des barricades ensanglantées, la ruine générale imminente, un budget unique par son énormité, un déficit de sept cents millions, de nouvelles menaces, de nouvelles conspirations. Et les légitimistes, ces alliés des régicides, où étaient-ils le dix décembre ? Ils étaient cois dans leur retraite de dix mois ; ils prêtaient hypocritement leur appui au candidat de l'ordre, dans la crainte de l'exil et de la spoliation. Mais aujourd'hui que, grâce à l'énergie du gouvernement de leur co-élu, leurs craintes ont disparu, ils sortent de leur honteuse retraite pour planter leur drapeau, passent à la république rouge avec l'espoir de se ruer sur les places, sur les honneurs et sur le budget, c'est-à-dire pour jouir des avantages d'un gouvernement national qui s'est fondé malgré eux, si ce n'est pour le supplanter par leur droit divin.

Vous connaissez maintenant de longue date les ennemis systématiques du repos de la France ; vous les avez vus à l'œuvre ; vous avez été plus d'une fois forcés de savourer les *doux* fruits de leur arbre enchanteur. Voulez-vous, après une si longue expérience, détruire le bien que le pays doit à votre élu ? Voulez-vous vous transformer en Pénélope ou en parjures ? Voulez-vous replonger la France dans l'abîme ?...

Non, les ennemis du désordre et du despotisme ne seront jamais les ennemis de la France ; les légitimistes seuls sont capables d'une telle énormité !

Amis de l'ordre, encore cette anecdote, et j'ai fini.

Junon, ne pouvant oublier le jugement de Pâris et les honneurs de Ganimède, fait tomber sa vengeance sur la flotte d'Énée, qui, échappé par miracle de l'incendie de Troie, va fonder l'Italie. Elle s'adresse à Eole, et le prie de déchaîner ses vents contre les Troyens, *ses ennemis*, et lui promet, en récompense, la main de Deïopée. Eole, gagné par les prières et les promesses de la reine des dieux, déchaîne ses vents, et leur ordonne d'aller détruire la flotte d'Énée. La flotte touchait déjà à sa destruction, quand Vénus, mue par les prières de son fils, s'adresse à Neptune, et le conjure, au nom de son père, de sauver le reste de la flotte d'Énée, qui est attaquée par les vents dans la Méditerranée. Sensible à ces supplications et à la violation de son royaume, Neptune monte sur son char, armé de son trident, et court au secours des malheureux Troyens. Ayant rencontré les Vents, il leur tient ce langage : Qui vous a permis d'envahir et de désoler mon royaume ? Allez, fuyez à l'instant, et dites à votre roi que le Destin confia à moi seul l'empire des mers et ce terrible trident. Ce langage ferme et menaçant met les Vents usurpateurs en fuite ; le calme se rétablit, la tempête disparaît. Le malheureux Enée peut réparer ses pertes, les avaries de sa flotte, et atteindre le but de son expédition sacrée, grâce à Vénus et à Neptune qui, dans la crainte de nouveaux malheurs, couvrent l'expédition de leur puissante protection, et l'accompagnent jusqu'à l'entrée dans le port.

Substituez maintenant à la vindicative Junon et à ses promesses, le droit divin et tous ses alliés, les républicains socialistes de la veille et du lendemain ; à Énée et sa flotte, substituez la France ; substituez à Éole et ses vents, la clique du *National*, les intrigants, les ambitieux, les émeutiers, les ministres indignes, les banqueroutiers administrateurs, les ambassadeurs spéculateurs de prostitution, les commissaires assassins, et les maires parricides ; substituez à Vénus les amis de l'ordre et de la civilisation ; substituez à Neptune le Président de la République, et la leçon sera complète, et très-complète, si vous voulez bien étudier la liste des traîtres, de ces *amis* de l'ordre qui ont contracté alliance avec les amis des assassins de l'archevêque de Paris et du général Bréa, et vous en souvenir à la première occasion.

Voici les noms des nouveaux Girondins :

D'Andigné de la Châsse, Audren de Kerdrel (Ille-et-Vilaine), Audren de Kerdrel (Morbihan), Aymé (Charles), Arnaud (Ariége).

De Balzac, Barchou de Pengoën, Barre, Baze, Béchard, Bedeau (le général), Behaghel, de Belvèze, Benoist-d'Azy (Gard), de Bernardi, Berryer, de Berset, Betting de Lancastel, Bigot, de Blois, Bocher, Boinvilliers, Boissié, de Botmiliau, Bouchet de Grandmay, Bouhier de l'Écluse, de la Broise, de Bryas, Bucher de Chauvigné.

Caillel du Tertre, Camus de la Guibourgère, de Castillon, Cavaignac, Chambolle, Changarnier, Chapot de Charancey, Charner, Chauvain, Choque, de Coislin, Collas, Collas de Lamotte, Combarel de Leyval, de Corcelle, Cordier (Calvados), du Couëdic, Creton, Cunin-Gridaine.

Dahirel, Dalbis du Salze, Dambray, de Dampierre, de Fontaine, Delessert, Demante, Demarest, Depasse, Desèze, Desmars, Desmousseaux de Givré, Dieuleveut, de Douhet, Druet-Desvaux, Dubignon, Dubois (Amable), Dufaure, Dufougerais, Dufournel, Duparc, Dupont-Delporte, Duvergier de Hauranne.

De l'Espinasse, Estancelain, Evain.

Failly, Favreau, Ferré des Ferris, Fornier de Saint-Lary.

Gain, Gasselain (de Fresnay), Gérard (Oise), Gicqueau, de Girard (Gustave), Girot-Pouzol, de Granville, de Grasset, Grelier-Dufougeroux, de Greslan, Gros, Guiller de la Tousche.

D'Havrincourt, Hernoux, d'Hespel, Hovyn de Tranchère.

Jaffard.

De Kéranflech, de Kéridec, Kolb-Bernard.

Labordère, de Laboulie, de Labrugnière, de Lafosse, Laimé, Lainé (l'amiral), de Lamoricière, de Larcy, de Lasteyrie (Jules), Laureau, Laurenceau, Lauriston (le général), de Laussat, Le Crom, Lefavrais, Lefebvre du Grosriez, Le Flô (le général), Léo de Laborde, de Lescours, de Lespinay, de Limayrac, Lopès-Dubec, de Luppé.

De Maleville, Mareau (Théodore), Mareschal, Martin de Villers, Mége, de Melun (Ille-et-Vilaine), de Melun (Nord), Merentié, Mispoulet, Monet, Monnier (Morbihan), de Montebello (Napoléon), de Montigny, de Mornay, Moulin.

Nettement (Alfred), de Neuville, Normand des Salles.

d'Olivier.

Paillet, de Panat, Pécoul, Pidoux, de Pioger, Piscatory, Postel, Poujoulat, Prudhomme.

De Querhoënt.

Radoult de Lafosse (le général), Raudot, de Rémusat, de Resseguier, de Riancey (Henri), Richier, Rioust de Largentaye, de la Rochejaquelein, de la Rochette, Roger (du Nord), de Roquefeuil, de Roquette, de Rotours de Chaulieu, Rouget-Lafosse, Rouillé (Émile), Roux, Carbonnel, Rullière (le général).

Sainte-Beuve, de Saint-Georges, de Saint-Priest (le général), Sauvaire-Barthélemy, de Seré (Henri), de Sesmaisons, Sevestre, Soult de Dalmatie, de Staplande, de Surville, Symphor-Vaudoré.

De Talhouet, Tartas (le général), Ternaux (Mortimer), Thiers, Thomine-Desmasures, Thuriot de la Rosière, de Tinguy, de Tréveneuc, Tripier de Lozé.

De Vatimesnil, de Vaujuas, de Vergeron, Amédée Vernhette (Hérault), Maurice Vernhette (Aveyron), Vesin, Victor Hugo, de Vogué.

CHAPITRE DIXIÈME.

Le droit divin et le droit national.

Le droit divin est le droit national consacré par l'institution religieuse, institution que le roi considérait comme indispensable pour conquérir la soumission entière de ses sujets catholiques.

C'est d'Hugues Capet, chef de la troisième race des rois de France, que date la substitution d'une royauté nationale ou gouvernement de la conquête.

Hugues Capet fut élu roi à Noyon par une assemblée composée de ses vassaux et amis, au préjudice du frère de Lothaire. Sacré à Reims le 3 juillet 987, il fit l'année suivante sacrer son fils, afin qu'on ne lui pût contester le droit de lui succéder. Cet usage ne fut suivi que jusqu'à Philippe - Auguste, le droit de succession n'étant plus contesté. L'institution religieuse de la couronne avait alors une telle importance que Robert Ier ayant été excommunié par des évêques, il fut abandonné de tous les seigneurs et fui par ses domestiques. Le pape Urbain II excommunie Philippe Ier; celui-ci, afin d'éviter les effets de la censure dans l'esprit de ses sujets, demande et obtient un délai pendant lequel il peut porter la couronne, la coutume des temps étant que le roi parût aux grandes solemnités en habits royaux et portant sur sa tête une couronne qui lui était imposée par un évêque.

Les papes n'exerçaient pas seulement une grande influence sur le pouvoir royal, mais ils distribuaient aussi des couronnes. Innocent III offrait à Philippe-Auguste celle d'Angleterre. Les rois de leur côté faisaient un grand cas de la protection et de l'influence du pape pour faire croire à leurs sujets qu'ils tenaient de Dieu même le droit et le pouvoir de les gouverner. (Droit divin.)

Philippe le Bel secoua le premier le joug de la tutelle des papes, et répondit en ces termes à Boniface VIII, qui, suivant ses prédécesseurs, lui rappelait que le roi de France était soumis au pape, tant au temporel qu'au spirituel : « Philippe, par la grâce de Dieu roi des Français, à Boniface, prétendu pape, peu ou point de salut. Que votre grande fatuité sache que nous ne sommes soumis à personne pour le temporel. » La pragmatique sanction et la déclaration de Bossuet sont venues tour à tour renforcer la déclaration insolente de Philippe, et donner naissance à l'indépendance de l'Église gallicane. Le progrès des lumières a conduit les rois et les sujets à apprécier à sa juste valeur le prétendu droit divin. Louis XVI fut forcé de remplacer le droit divin par le droit constitutionnel. La maxime de son aïeul : *L'État, c'est moi!* fut remplacée par celle-ci : *Lex fit consensu populi, constitutione regis.* Louis XVIII, qui octroya la Charte en 1814, renonça à la consécration de la couronne ; Charles X voulut la ressusciter, et sa logique le conduisit à déchirer la Charte de son frère.

Autre droit divin et droit national.

Après la catastrophe du 21 janvier, le gouvernement républicain continua jusqu'en 1804, où eut lieu la constitution de l'empire. L'élévation de Napoléon est confirmée par 3,572,320 voix sur 3,574,898 votants. Ce nouveau droit national fut consacré par l'institution religieuse ; le droit de succession, accordé par le sénatus-consulte du 5 frimaire an XIII, fut confirmé par environ quatre millions de voix.

Quelle différence existe-t-il entre ces deux droits?

La différence existe en ce que le premier n'a été l'œuvre que de quelques vassaux et amis au préjudice du successeur légitime de Louis V, tandis que le second fut l'œuvre de la nation entière au préjudice de personne.

Une autre différence se rencontre aussi dans la chute des deux droits. Le premier tomba deux fois par la volonté nationale, et le second tombe deux fois sous la force étrangère.

Droit national.

Le droit national est le suffrage universel, exercé par les citoyens probes et libres qui contribuent directement aux charges de l'État. Tout Gouvernement qui émane de ce suffrage est un gouvernement du droit national et divin : *Vox populi, vox Dei.*

FIN.

TABLE.

FIN DE LA TABLE.

www.ingramcontent.com/pod-product-compliance
Lightning Source LLC
Chambersburg PA
CBHW061333060726
47596CB00003B/1226